高校教育的理论与实践研究

肖 敏 ◎ 著

吉林出版集团股份有限公司

图书在版编目（CIP）数据

高校教育的理论与实践研究 / 肖敏著. — 长春：吉林出版集团股份有限公司，2024.4
　ISBN 978-7-5731-4827-8

Ⅰ．①高… Ⅱ．①肖… Ⅲ．①高等教育－教学研究－中国 Ⅳ．①G649.21

中国国家版本馆CIP数据核字（2024）第081644号

高校教育的理论与实践研究

GAOXIAO JIAOYU DE LILUN YU SHIJIAN YANJIU

著　　者	肖　敏
责任编辑	张继玲
封面设计	林　吉
开　　本	710mm×1000mm　　1/16
字　　数	148 千
印　　张	13
版　　次	2024 年 4 月第 1 版
印　　次	2024 年 4 月第 1 次印刷

出版发行　吉林出版集团股份有限公司

电　　话　总编办：010-63109269
　　　　　　发行部：010-63109269

印　　刷　廊坊市广阳区九洲印刷厂

ISBN 978-7-5731-4827-8　　　　　　　　　　　　定价：78.00 元

版权所有　侵权必究

前　言

随着社会的快速发展和全球化进程的深入推进，高等教育作为培养未来社会栋梁的关键环节，其重要性日益凸显。然而，当前高校教育面临诸多挑战与机遇，如何在理论与实践之间找到最佳的平衡点，培养出既具备扎实理论知识又具有丰富实践经验的人才，成为高等教育领域亟待解决的问题。

教育既是国家战略大计，又是民生发展的首要关切。强国必谋强教，强教支撑强国。高等教育发展水平是一个国家发展水平和发展潜力的重要标志，世界经济强国无一不是高等教育强国。高水平大学是培养高层次人才的主要阵地，其目标是培养具有创新精神和实践能力的高级人才，而科学、规范的学生管理制度是实现这一目标的重要保证。

知识作为无形的生产力，为社会创造了极大的财富，也促进了人类社会的发展。而"人"作为社会的主体，其个人的发展状况受社会发展情况制约的同时也在反作用于社会的发展。因此，要保证社会处于不断进步的状态，就需要通过教育培养出具有高素质、高能力的创新型人才，为社会创造出更大价值。而要想达到这一目的，高校在进行教育教学的过程中就必须作出调整。

理论与实践的紧密结合是提升高校教育质量的关键。理论为实践提供方向和指导，实践则是对理论的检验和拓展。因此，本研究旨在深入探讨高校教育的理论与实践相结合的有效路径，分析当前高校教育中存在的问题与不足，并提出相应的改进建议，也期望能够激发更多学者和教育工作者对高校教育的理论与实践研究的兴趣和热情，共同推动高等教育事业的蓬勃发展。

肖　敏

2024年1月

目 录

第一章 高校教育教学理论知识概述 1
第一节 高校教育教学本质及特征 1
第二节 高校教育教学观念与发展 12
第三节 高校教育教学常用方法 26
第四节 高校现代教育的理念 35

第二章 现代教育理念下高校教育教学的原则 43
第一节 概述 43
第二节 价值理念与创新原则 55
第三节 以人为本原则 66
第四节 质量监控原则 72
第五节 体系构建原则 76
第六节 多媒体技术使用原则 80

第三章 "互联网+"背景下高校教育的变革研究 87
第一节 互联网教育产生动因分析 87
第二节 "互联网+"背景下高校教育发展的新形势 91

第四章 "互联网+"背景下高校教育的机遇与挑战 104
第一节 "互联网+教育"的本质解析 104
第二节 "互联网+"背景下高校教育新机遇 108
第三节 "互联网+"背景下高校教育的挑战 114

第五章　高校教育教学理论方法基础及实践 …………………… 120
第一节　基于认识论的教学方法 ………………………… 120
第二节　基于价值论的教学方法 ………………………… 129
第三节　教师的职业价值及教学方法创新主体 ………… 145
第四节　高校教学方法创新的原则 ……………………… 151
第五节　高校教学方法创新路径与评价 ………………… 159
第六节　高校教学方法文化创新 ………………………… 169

第六章　高校课堂教学质量监控创新研究 …………………… 175
第一节　教育教学质量监控体系的构建 ………………… 175
第二节　教育教学质量监控中信息技术的应用 ………… 185

参考文献 …………………………………………………………… 199

第一章 高校教育教学理论知识概述

高校教育教学是高校实现教育目的、培养专门人才、体现社会价值的各种具体活动表现方式之一，是高校教育最主要的组织活动。高校教育的其他活动都是围绕教学展开、为教学服务的。任何教学活动都是一个历时性的过程，是一个目标差异大、参与要素多、影响复杂的教育实践体系。这个教育实践体系的构成要素经过多种形式组合，为实现各个目标发挥作用，不同要素组合在不同环境下运行，又使高校教育教学形式丰富多彩。

第一节 高校教育教学本质及特征

一、高校教育教学的作用与功能

高校教育教学的作用与功能就是教学活动的基本目标与任务，它主要体现在三个方面：教师的需求目标、学生的需求目标、社会的需求目标。在高校教育逐步发展、受教育人群日益扩大的形势下，社会本位的教学功能不断弱化，"以人为本"的教育思想越来越占据重要地位。因此，教学活动必须同时考虑教学活动主体，即教师和学生的个人需求，教师通过教学传播知识，促进自我的进一步探究，同时引导学生获得专业技能的训练，从而获得满足感与成就感。

学生通过对社会愿望、个人兴趣以及基本能力的综合考虑，主动接受高校教育、参与教学活动，以达到身心和智力的全面发展。社会对教学活动的需求可能是具体而分层次的，教师和学生对教学活动的需求可能是抽象而含糊的。对这种矛盾冲突的认识和化解有利于教学方法创新。

二、高校教育教学的主体与环境

高校教育教学的主体与环境是教学活动赖以开展的基本条件。教学主体是有目的、有意识地进行教学实践活动和认识活动，并在教学活动中确立和体现主体地位的现实的人。这里的人包括三层含义：现实的人、动态发展的人、个体与群体相统一的人。因此，学生也是教学活动的主体之一。教学环境是相对于教学主体而言的，它包括教学活动中除了主体的一切物质的、时空的、媒介的关系等，尽管环境在教学活动中处于从属地位，但对实现教学目标有极其重要的影响。

三、高校教育教学的形式与内容

高校教育教学的形式与内容往往表现得最为具体、生动，既反映内容与形式的对应关系，也反映形式与环境的协调关系，还反映教学活动直接主体（教师与学生）与间接主体（教学管理者）协商一致的管理特征。单从教学活动的形式来看，就是内容、环境、主体的统一，如课堂教学、课外练习、社会实践是三者关系的不同组合结果。如果从教学活动主体的作为来看，则有讲授活动、听课活动、师生研讨活动等，每一种活动，各自主体地位的表现不同。高校教育教学内容是与教学目标紧密相连的，从国家或社会本位出发对专门人才的知识、技能体系有一个制度设计和进程安排，教学内容按照这些制度和进程逐步展开。现在，我国开始注意发挥教师和学生的主动性，对教学内容的选择权有所放开，但与教师自主裁量教学内容和学生在完全学分制下自由选择教学内容还有相当距离，至少学生的职业规划与学校的学业指导工作短时间内难以跟上。

四、高校教育教学的特点与过程

高校教育教学的特点与过程是联系在一起的，教育与教学是一个循序渐进的过程，世界上没有任何一种瞬时性的教学活动，过程性本身就是教学活动的普遍特点，因此，很多学者用"教学过程"代替"教学活动"，专注于研究高校教学过程而不刻意研究高校教育教学活动也是可以理解的，只是过程性特点不为高校教育教学所特有。因此，将二者混淆是不合理的，无论是对高校教育教学活动的瞬时考察还是从教学效果的角度分析，高校教育教学活动具有如下特点：

其一，专业性教学与综合性认知相结合。高校教育与基础教育的最大不同在于知识的专业系统性，属于建立在基础教育之上的专业教育：教学目标和内容按照不同学科专业领域的知识体系进行设计，教学组织形式也分专业进行。同时，高校教育教学活动的综合性认知也十分明显，在专业性教学内容与教学情景中，学生的知识、能力、素质得到全面培育，即使是一门十分专业的课程，在课程设置、活动设计中，也安排有一定分量的基本素质和能力训练的内容和项目，教学活动对学生的影响是综合性的，对学生的培养是多方位的。

其二，隐性教学与显性教学相结合。高校教育教学活动对人才培养的影响作用趋于多样化，传统课堂的直接影响、作业与练习的直观影响等属于显性活动部分，还有许多潜移默化的教学活动，如学术报告会、参观学习、社会调查、教师对学生得体的表扬或批评等，这些非规范的教学活动属于隐性教学活动，其教育意义和对学生的影响绝不只是现场表现出来的结果，而要比现场深远得多、广泛得多。教育中的所谓"启发""养成"，其实就是对这种隐性教学活动功能的表述。其三，教学活动与科研活动相结合。科学研究活动是人类有意识地探究世界的实践活动，我们说高校教育教学活动是一种接近于人类认识世界实践活动的有效组织方式，本意就在于表明高校教育教学活动不是纯粹的知识传授活动，也不纯粹是师生交往与情景感悟活动，而是有目的地引导学生学会认知和探究世界的方法、训练基本的认知能力的活动。如果说本科生的教学对这方面的要求只是初步的，那么研究生的教学则是典型的认识已知与探求未知的统一，是教学活动与科研活动的统一，教师和学生在各自的教学活动任务中都可以实现认识已知与探索未知的结合。

五、高校教育教学的构成要素

高校教育教学是一个以动词为主的、内涵比较宽泛的偏正词组，它可以指由学校为实现人才培养目标组织的任何行动。由于各高校、各学科专业的人才培养目标、质量规格、层次要求不同，高校教育教学活动也表现出较大的差异性。但就每一个具体教学活动单元的结构来说，它们又有许多相似性，即都是由若干基本相同的要素构成的开放性系统，不同教学情景由这个系统的要素的不同组合产生。

关于高校教育教学活动构成要素的研究，历来有不同的争论。有的从共时性角度分析，有的从历时性角度分析；有的从关系角度分析，有的从表象角度分析；有的从深层结构分析，有的从表层结构分析。不同的分析角度决定了不同的分析结果，以至于出现从"三要素说"（教师、学生、教材）到"七要素说"（学生、教学目的、教学内容、教学方法、教学环境、教学反馈、教师）的巨大差异。客观地看，这种差异是正常的，特别是更加精细的结构要素划分，只要在逻辑上没有包含关系或遗漏，精细的划分应该得到提倡。联系高校教育教学活动的几个特点，我们认为，一个比较完整的具体教学活动应该由教学主体、教学目的、教学信息、教学媒介、教学组织、教学环境六个要素构成。

①关于教学主体。之前往往以机械认识论为理论基础从施教与被教角度考虑，认为教育参与者包括作为教育者的教师和作为受教育者的学生两个方面，即教学主体是教师，教学对象是学生。这实际上忽视了高校教育教学的特殊性，因为隐性的教学效果、探究性的教学活动都依赖于学生主体性作用的发挥，因此教师与学生是高校教育教学活动的共同主体。②关于教学目的。这是任何教学活动的基本要素，只是不同目的有层次上的高低差别。即使是高校教育的教学活动，其目的也有层次之分，如一个专业培养方案中的教学目的，一门课程

的教学目的，一节课堂的教学目的，等等。就教学方法研究需要而言，这里的教育目的主要指一个课堂之类的教学活动的目的，其中既有比较抽象的一般要求，也有比较具体的内容、技能目标。③关于教学信息。之前通常用教材以及教学内容来表示。但实际上，教学内容有一部分应该包含在教学目的之中，作为目标性任务加以明确。同时，教材是教学内容的传统载体，而鉴于现在高校教育可供使用的教学材料日益丰富，来源途径远多于教材，故教材在高校教育教学活动中的地位越来越微不足道。④关于教学媒介。教学媒介是教学方法及实施方法的手段，由于现代教学技术飞速发展，传统的方法归纳已经不能准确反映教学活动中的实际，很多现代教学设施、技术被应用到高校教育教学活动中，其究竟属于什么方法，尚未明确界定。因此，我们称之为教学媒介，它既包含了传统意义上的教学方法，又包含了现代教学技术，是传递知识，增强教学信息刺激，提高教学效果的途径。⑤关于教学组织。没有组织就没有活动，就一个教学活动来讲，教学组织不可缺少。在什么样的时间和空间、由哪些教师和学生参与、参与人员的规模以及教师或者学生在教学时间内的教学秩序维护等，都是教学组织的内容。还有教学评价，但它属于教学过程与质量管理范畴，不属于教学活动的内容。⑥关于教学环境。高校教育教学环境对教学活动的影响越来越大，根据教学活动的需要，不断对教学环境进行必要的调节和控制，有利于教学活动的顺利进行。经过选择、净化、提炼和加工处理的教学环境有利于教学主体实现追求真理、掌握知识、发展身心等目标。

六、高校教育教学模式

（一）"集中式学习"的教学模式

相对来说，"集中式学习"是一种较为传统的教学模式。"集中式学习"是以教师为中心，由教师根据教学计划中统一规定的课程内容和教学时数，把学生集中到一起，按照学校的课程表进行分科教学的一种组织形式。该教学模式强调教师的主导作用。当教学规模不是很大时，"集中式学习"相对来说是比较经济、有效的。

在这种组织形式下，教师的主导作用易于发挥，便于教师组织、监控整个教学活动的进程，这是其一。其二是有利于教学管理，使教学有目的、有计划、有组织地进行。其三是有利于自然科学的学习，自然科学中有许多内容需要进行演示、分解和剖析，有些内容需要学生亲自去感知。其四是有利于学生之间以及师生之间的情感交流，充分体现情感因素在学习过程中的重要作用。尽管集中式学习有上述优点，但它在高校教育教学活动中存在的弊端也是十分明显的。首先，这种教学模式无法解决学生学习时存在的工作与学习的矛盾、家庭与学习的矛盾以及分散居住与集中学习的矛盾。其次，它忽视了成人学生不同于其他学生的在学习活动中的自主性和独特性。最后，"集中式学习"方式过分强调标准化、同步化、模式化，整齐划一是这种学习方式的目标追求，对成人学生知识的扩展会产生不利的影响。针对学生在学习过程中凸显的矛盾和问题，要真正保证教学效果，提高教学质量，就必须对现有的单一教学模式进行改革。

（二）"分布式学习"的教学模式

随着经济形势和信息技术的不断发展，社会总体人力资源的需求形势也发生了巨大变化，对各类高素质、高学历的专业技术人才的需求提高到了一个新的层次，对高校教育提出了更高的要求，并使得传统的教学模式受到了极大的挑战。

新的信息技术在教学活动中的应用，计算机网络的发展能够使教学内容得到有效的远距离传递，学生可以不必像以往那样全体集中到一个地点，由教师面对面地传授知识。电子邮件可以支持学生之间、师生之间的交流与合作，解决学习中的问题，开展各种讨论，教学模式不再单一，因此，"分布式学习"的教学模式便应运而生，并迅速以自上而下的政策推广形式，借助国家高校教育政策手段投入各地办学实践。"分布式学习"是远程教育的建构主义，采用建构主义的学习环境的设计思想，将传统的以教师为中心改变为以学习者为主体，着重于为学习者提供丰富的资源建立自己的认识和理解。我们将这种新的远程教育形式称为"分布式学习"。

目前，对"分布式学习"的教学模式的理解有这几种观点：美国及很多国家的学者认为"分布式学习"和远程教育是一样的，是指的各种不同于面对面教学的教育；还有人认为，"分布式学习"是指开放和远程教育在传输课程时逐渐向使用新信息技术的转变；另有观点认为，"分布式学习"可作为人机交互工作的一个整体。尽管对"分布式学习"有各种不同的描述，但"分布式学习"实际是一种教学模式，它强调的是"分布"，强调为学习者提供灵活的、突破时空限制的教育，适应社会经济发展以及对人才的需求。"分布式学习"教学模式的出现，使面对面教育和开放远程教育之间的边界逐渐消失而趋于融合；强调以学习者为中心，更有效地促进学习者的学习；使我们认识到要根据时空分布方式的变化调整学习和教学策略；"分布式学习"强调的是学习环境，学习者分处在不同环境中，有着共同的任务，在"分布式学习"环境中共同合作完成学习任务，学习时分布于不同环境，不一定受限于正式的机构设置。

随着教育的全球化发展，"分布式学习"也要具有国际化思维，适应来自不同文化背景的学习者。可以说"分布式学习"是未来学习方式发展的一个新趋势。也有人认为"分布式学习"模式可以结合传统课堂教学应用、远程教学应用或可用于创建有效的教学课堂。学生可能身处远方，参加远程教育，也可能是集中式学习中的一员，但他们在索取资源、汲取知识时，所利用的资源不仅局限于教室或者某个机构，而是充分利用现代信息技术，利用分布在各个不同地方的资源，其所能获取的学习资源远比以往的单纯的传统课堂授课方式要丰富得多，因此，"分布式学习"强调的是资源的非集中化。另外，"分布式学习"的教学模式除了可以使学习者获得丰富的资源，还可以是传统课堂授课方式的补充和灵活运用，如可通过电子邮件交作业、答疑，通过网络与教师、学生甚至专家进行交流和讨论，等等。这一教学模式在成人教育教学活动中的优势十分明显，它解决了成人学生在学习中存在的工作与学习、家庭与学习、分散居住与集中学习的诸多矛盾，同时丰富了学习资源，学生获取知识的渠道更加宽广，教与学的方式变得更加灵活，学生学习的自主性也得到了加强，对于学生的发现性学习和研究性学习能力的培养也起到了很好的促进作用。

（三）"双元制"的教学模式

"双元制"的教学模式也可称为"双轨制"教学模式，是德国在100多年来传统的学徒培训制度基础上发展形成的，"双元制"中的"一元"指职业学校，另"一元"则指企业。学校承担文化和基础技术理论传授，企业承担职业技能培训，两元结合完成教育任务，故称"双元制"。"双元制"是学校与企业分工协作，以企业为主；理论与实践紧密结合，以实践为主的一种成功的教育模式。学生在企业里接受职业技能培训的同时，又在学校里接受专业理论和普通文化知识的教育，这样，既能够使学生具备毕业后立即上岗的能力，又通过学校教育使其基本素质得到提高，从而具备继续学习和终身学习的基础。

"双元制"教学模式具有以下特征：职业培训在两个完全不同的地点进行——企业和学校；受训者兼有双重身份——学生、学徒；培训者的角色由两部分人承担——实训技师（师傅）、理论教师；教学内容原则上分为两部分——企业培训按政府的培训条例和大纲进行，学校教育按国家和省级教育主管部门公布的教学大纲进行；教学管理——企业培训由政府管理，受政府法规、条例等约束；学校教学由教育主管部门管理，受教育类法规约束；经费来源有两个渠道——企业培训的费用由企业承担，学校教学的费用由政府和学生承担。可以分为以职业能力为本位的培训模式和以市场与社会需求为导向的运行机制。

"双元制"教学模式于20世纪90年代引入我国，应用到高校教育教学实践中，成为一种特点鲜明同时富有成效的人才培养模式。经过多年的发展，已经取得了一些成就。已有许多实践性较强的专业采取了这种教学模式，例如，汽车维修、炼钢和轧钢、保险、物业管理、机械制造和医疗等。"双元制"教学模式的应用为我国成人教育发展提供了宝贵的案例资源，从中可以看到"双元制"教学模式的以下优势：

第一，改革专业课的课堂教学模式，促进学生技能的提高。"双元制"教学以职业能力为本位，各院校在实践中都突出了实践性的原则，使学生在学习的同时获得职业工作的经验，与传统的课堂型职业教育形式相比存在明显的优势。

第二，加强了学校与社会、企业的联系。"双元制"教学模式打破了传统的封闭的办学模式，由学校和企业共同承担培养学生的责任。因此，在办学中学校增强了与外界的沟通，更多地了解了社会和企业对人才的需求情况，消除了以往办学的盲目性。

第三，加快了师资队伍的建设，教师的理论水平和实践水平都有所提高。在"双元制"办学过程中，提高了专业教师的实践能力，改变了以往的教师实践能力不高、动手能力不强的状况。

第四，各院校借鉴"双元制"教学模式，改革了课程结构，丰富了教学内容，使教学方法灵活多样，促进了教学模式的改革。

第二节　高校教育教学观念与发展

一、高校教育教学思想观念及其核心内容

（一）高校教育教学活动主体

教师主体论源于以赫尔巴特为代表的"教师中心说"，是长期统治教育研究与指导教学活动的主导流派。该派观点认为，在教学活动中，教师是唯一的主体，学生是用来供教师加工、改造的，与教学内容一起构成教师教学活动的对象，属于教学客体。学生主体论源于以杜威为代表的"学生中心说"，其基本观点与教师主体论相反，认为教学活动的唯一主体是学生而不是教师，教师和教学内容都是被用来塑造和加工学生的，是其成才的工具性对象，是教学客体。而教师学生双主体论则改造了前述单一主体论的理论，提出教师和学生都是教学活动的主体。在一个完整的教学活动内，就对教学效果的最终影响来说，分不清教师的能动作用大还是学生的能动作用大，只能是两个主体并存，共同协调的结果。这时，教学内容、教学设施、教学环境等就基本上属于辅助性的东西，属于教学客体。

其实，对教学主客体的辨析有一个基本的逻辑起点，这就是从哲学引用过来的主体概念是基于什么哲学观点的，是本体论的观点还是认识论的观点。显

然，从本体论出发，只能有一个主体，而从认识论出发，选择的认识活动角度不同，就会得出不同的主体结果。教学本身就是一个复杂的系统，从教学作为社会活动的实践关系出发，毫无疑问教师是主体，学生是客体；从教学活动的价值关系出发，很明显，学生必然是主体，教师是客体；从认识活动的全面关系出发，则教师与学生都属于主体，客体只是那些主体之外的教学活动要素。提高对教学活动主体的认识，有利于调动教学活动要素的积极性。那些单方面强调教师主体地位的观点，对教师工作的积极性、主动性与责任心有极大的激发作用。但很多情况下，教师的一厢情愿往往达不到满意的教学效果，久而久之，教师的这种积极性也会消解。那些单方面强调学生主体地位的观点，有利于激发学生的自我教育、自我学习、自我塑造，也有利于教师在教学中贯彻促进学生全面发展的理念，但如果缺乏教师的正确引导，学生往往也不能得其门而入，最后效果并不如意。教师和学生的双主体地位，可以比较全面地调动教师和学生在教学活动中的积极性，根据教学实际需要各自发挥应有的作用，共同完成教学任务，实现教育目标。按照高校教育的教学活动特点来看，这种双主体观念更符合教学实际。对教师和学生在教学活动中主体地位的认可，不是什么权益之争，主要在于责任的归属。教师和学生对于那些作为客体的已知知识、未知知识的认识与探求是共同的，因此，在这种"既认识已知又探索未知"的高校教育教学活动中，教师和学生属于共同的主体是毋庸置疑的。

（二）高校教育教学活动主体关系

一般来说，任何活动都存在主体与客体的关系，如果按照两种单一教学主体的观点，无论谁为主体，谁为客体，都是主客体关系。但是，高校教育教学活动主体是双重的，不同主体之间必然构成一定的关系，因此，很有必要探讨教学活动的主体关系。至于高校教育教学活动的客体，在双重教学活动主体前提下，它与主体之间的关系比较简单，一方面服从于主体的需要，另一方面充当连接两个主体的纽带。

1. 高校教师

高校教师是教学活动任务的具体组织者、承担者。教师群体是高校履行人才培养职能的直接人员，他们还在自己的专业领域肩负着科学研究和社会服务的使命。高校教师作为一个群体概念，包含所有在高校从事与教学活动相关的专业人员，既有教学第一线的任课教师，也有以科学研究为主要任务的研究人员，还有实验、实践教学以及教学活动组织管理第一线的教学辅助人员。高校教师作为一种社会职业者，具有较高的社会地位和重要的教学主导地位。人们常常把高校的人才培养和学术水平看成一个国家文明进步的标志，对履行这两项职责的高校教师寄予厚望。另外，在高校教育教学活动中，教师对教育内容的选择、对教学活动的调节、对教学进程的把握、对教学手段的改造等起着主导作用。因此，教师是教学活动的主体。

总之，高校教师肩负着比较多的教学职责。第一，肩负传授知识，引导学生掌握学科专业基础知识、基本理论和基本技巧，培养和发展学生智力和专业能力的职能。第二，要在教学活动之中通过隐性手段启发和培植学生良好的道德、情操、意志与美感,关注学生的全面成长。第三,要精心组织和设计教学活动,不仅注意课堂教学活动的组织,还有由课堂延伸到课外的答疑辅导、作业评判以及相应的实验和实习、实践。第四,为了更好地服务和改进教学,必须不断地开展专业领域的科学研究和教学研究,以引领学生及时了解学科前沿知识,改善教学方法,丰富教学内容。在这些基本职责中,最基本的两项是教学和科研。能否成为比较合格甚至优秀的教师,关键在于这两项职责的履行情况。这两项职责任务完成得好,不仅可以相互促进,还可以带动其他职责更好地完成。实际上,中外高校都有不少教师并不能比较好地兼顾二者,相当多的教师把自己的教学目标定为传授课程知识、介绍本领域的概念和方法,很少关心学生的一般智力发展和个性发展。他们作为教学内容方面的专家,与本领域的其他人共同具有专门化的知识、概念、话语、方法,但作为教师,尤其是本科生的教师,他们则难以与学生形成共同认可并乐意接受的训练方法,丰富教学活动的知识和理论。

　　高校教师肩负的职责决定了他们的劳动特点。这就是教学手段的自主性与教学活动的示范性、教育对象的能动性与教学情景的复杂性、教学过程的长期性与教育影响的滞后性、教学方式的个体性与教育成果的集成性。面对这些特点,有的教师可能会表现出无可奈何,有的教师则从积极方面进行力所能及的改进,由此形成个人教学风格。比如以教学内容为中心的,以尊重学科为特点,重在教给学生系统的知识、原理;以教师自我为中心的,则相信自我的榜样作用，让学生陷入角色模拟的境地；以智力为中心的，则以训练学生的智能为目的，一切的知识、环境都只是用来训练的道具，知识、技能本身不是他们追求的结果。这些都是有特点的教师，还不是"全能的教师"，比较良好而全面的教学活动，应该是教师的知识、师生现实的探究、教师引人入胜的个性、人格和激励学生学习动机能力的高度结合。可见，当好一名高校教师实属不易。

2. 高校学生

高校教育教学活动的主要参与者除了教师，就是学生，不仅高校的教学如此，任何学校教学活动都离不开教师和学生，二者缺一不可。学生的积极参与不仅丰富了教学活动的内容与形式，也在很大程度上决定着教学活动的最终效果。

高校学生的构成十分复杂，而且随着教育大众化的推行、终身教育观念的深化和学习化社会的建立，到高校接受教育的人越来越多，学生构成也越来越复杂。一般来说，高校教育面对的学生不分种族、地域、性别，在年龄上处于青年中期，个体的生理发展接近完成、心理变化趋于稳定，自我意识日益增强，已经接受了基础教育学习。但这只是高校学生的基本特征，实际上，世界各国高校的学生要比这复杂得多。就我国来说，目前本专科学生在主体上大致符合以上的特征，随着高等教育政策的调整和大众化教育的发展，以及更多少年的提前入学，使得高校学生在年龄、心理、生理等方面均已突破原有规定和认识。如果将硕士、博士研究生考虑在内，则这种基本界定就显得更加局限和狭隘。

为什么参加高校的学习,是解决和了解学生的学习目的和动机的重要依据。高校学生的学习目的、动机是影响高校教育教学活动的重要因素,也是学生作为教学活动主体的重要标志。只有那些目的明确、动机纯正的学生才能在高校教学活动中发挥积极的主体作用。无论高校教育关于人才培养目标的理想设计如何,学生的实际学习目的与动机不一定与之完全合拍,但学生的要求只要是合理而可行的,就应该得到满足。研究表明,多数大学生认为,他们学习是为了取得职业的或专业的训练,获得发展自己和个人兴趣的机会,最终能够获得较高的收入。学生学习的态度与方式倾向是什么,这个问题的回答涉及学生的多个方面。

目标决定态度,基础决定方法,情感决定倾向。目标明确的学生基本态度是积极的。知识基础、能力基础强的学生,其学习方法、参与程度必然得当;兴趣型、挑战型、表现型、沉默型等不同情感类型的学生,其对教学活动的态度与影响也不完全相同。

(三)高校教育教学活动主体关系模式

教学活动也被理解为教学主体之间的人际交往活动。高校教育教学活动拥有多个主体,每一个教学环节都包含了各教学主体交往的关系,每一对主体关系动力的平衡与消长,都影响着教学活动。高校教育教学活动具有明显的个体性与综合性特点。这就是说,教师的教学既是个人的劳动表现,也是群体的劳动表现,只有一个教师不可能教好一个班级,培养出一批人才,甚至不可能完整地教好一门课程,必须要有教学助理、实验人员以及班主任等相关辅助人员的共同参与才行。学生的学习也是如此，纯粹个人的学习有时不能很好地完成，我们强调开展主体性教学，所依靠的不只是单个学生的主体性，还包括建立在每一个学生主体性发挥基础上的协作教学、合作探究。因此，高校教育的教学主体实际上有三对主要关系：师生关系占主导地位，师师关系和生生关系居于次要地位。

师生关系是任何学校教学活动中都普遍存在并应引起高度重视的一种行动主体对应模式。是以教学任务为中介，以"教"与"学"为手段构成的特殊社会人际关系，是高校教育最基本的、在教学活动中占主导地位的人际关系。对这种关系的认识也在不断发展变化，就其结构来说，传统的理解就是教师对学生"一对一""一对多"的主从关系，在高校教育教学活动中的表现是在课堂教学上，教师读讲义、做演算，学生记笔记、做练习；在课程设置上，必修课多于选修课；在教学管理上，实行学年制，对所有学生按一个标准来要求，个体差异没有受到重视，等等。历史经验和教训告诉我们，认识和建立新型师生关系对高校教育教学来说十分重要。在这种新型师生关系中，教师与学生是"一对一""一对多""多对一""多对多"的复杂网络系统，这个网络系统功能的全面发挥，就是高校教育教学活动的全部任务与追求目标。

师师关系是高校教育教学活动中涉及的教师群体内部之间的多边关系。我们发现我们对高校教育教学活动中的师师关系的关注度不够，但凡谈到教学关系，必论师生关系。其实，高校教育教学活动中，师师关系的作用非常大，这是与初中等学校、其他培训学校完全不同的。由于这种关系的构成具有长期性、利益性、人格性等特点，所以尽管关系网络不会很庞大，但文人相轻、学术流派、师承传统、利益之争等情况常常发生，甚至影响教师的教学。这是从对立性看的，再从合作性来看，哪怕是一门课程甚至一节课，主讲教师与助教之间、理论教师与实验教师之间、教师与教学调度人员之间等的配合关系，都会直接影响教学活动的开展及其效果。因此，一个和睦的教师群体对于高校教学活动的有效开展十分必要。

生生关系是由同辈学生相互之间组成的多边联系。这种关系也被称为同学集体，它可以由同年级同专业的学生构成正式的稳定关系，也可以由相同学科专业不同年级的学生以学术爱好为基点构成稳定的师兄弟姐妹关系，还可以由教师主导创立诸如社团、协会等主题组织关系。生生关系的形成具有随机性，但一旦形成，就表现出比较稳定的态势，这种态势不仅在学生大学学习期间有相互促进、影响的作用，还会在高校教育结束后延伸到社会活动中。生生关系对教学活动，尤其是对学习活动的影响是全方位而且深刻的，被认为是仅次于学生个人行为的力量。当然，这种关系结构的规模大小、质的差异性等内在特征会在比较大的程度上决定其对教学作用的发挥。

二、高校教育教学思想观念的演变

高校教育教学思想观念具体通过人才观、质量观和效率观等来表现。新时期以来，我国高校教学思想观念更新始于恢复正常教学秩序的最初几年，其主要表现为向过去学习，重拾或实现新中国成立后逐步建立和形成的教学思想。

（一）人才培养观念的形成

高校教育的根本任务是培养人才，而人才培养的主要途径是教学活动。改革开放以来，通过"红专论争"确立了知识本位的高校教育思想观念，但高校教育似乎又一下从"广阔天地"回到了"象牙塔"。同时，教学和科研使命又在高校展开了激烈的地位之争，这使高校教育成为教学和科研"两个中心"的发展轨迹渐行渐远。实际上，很多学校和教师更加重视高深的科研工作，对教学工作重视不够，教师的教学职能发挥不够。随着国家对人才培养质量的关注与重视，人们开始重新认识和反思高校教育教学和科研的关系，进而确立了教学在学校工作中的中心地位。无论什么高校，首要任务是培养人才，科学研究也要肩负起人才培养职能。高校教师必须把教学放在第一位，切实履行教师的基本职业职责。随着世界高校教育发展和科技、社会进步对人才培养规格新要求的不断提出，能力本位观点越来越受到重视，社会更需要知识全面、技能过关的高素质人才。因此，对教学活动提出了新的要求：一方面是出于理论教学与实践教学的关系问题的考虑，既不能忽视理论教学，又要加强实践实验教学。另一方面也是出于协调学校教育与社会教育的关系，既不能在学校教育与社会教育之间走极端，也不能过多增加学生的时间、经费、心理等学习负担。于是，新的教学中心地位理论逐步得到丰富和发展，在校内强调理论教学与实验、在科研活动中培养学生能力，在校外加强实习实训基地建设，建立产学研结合机制。

（二）逐渐形成以专业教育为主的教育思想

一般认为，国际上本科教育大致有两种教学模式：一种是以苏联和德国为代表的专才教学模式，学生在校学习时间较长，既打基础，又进行实践训练。另一种是以美国为代表的通才教学模式，学生在校学习时间较短，主要是打基础，实践训练放到大学毕业以后。我国最先主要学习苏联模式，形成了专才教学模式。

改革开放后，我们发现苏联专才教学模式的许多弊病，开始注意学习欧美通才教学模式。同时，这两种模式自身又不断变化和交融。

一般认为，现代专业教育思想源于美国国家功利主义视域下的科学主义高校教育哲学。兴起于20世纪初的以实用为标准的功利主义教育观影响了美国几十年，受苏联1957年"卫星上天"的刺激，美国更加重视高校教育教学的科学功利。1978年我国召开的全国科学大会提出"向科学进军"，迎接科学春天的到来，这使刚刚恢复的高等教育深深打上科学主义的专业教育烙印，此后一直成为国家教育方针政策以及学校教育教学工作的重要指导思想的构成元素。但培养学生一技之长的专业教育思想很快受到素质教育思想的挑战，因为国内外的人才成长及使用实践表明，仅有一技之长的人并不能担当高级专门人才的重任。随着世界科技的迅速发展，学科专业高度分化后再高度综合成为发展趋势，人才培养与社会工作越来越复杂化，特别是"曼哈顿计划"反映出社会工作对人员合作、协调、组织能力等综合素质的要求越来越高，不仅要具有扎实的基础、宽广的知识面、较强的能力，而且要具有良好的思想政治素质和道德水平，以及健全的身体和心理素质。

以自由教育、人文教育、普通教育等形式出现的综合素质教育思想得以萌芽，传统意义上的专门人才培养模式、观念逐渐被"拓宽专业口径，增强适应性"的呼声和"通识教育"的理念取代，仅仅重视科学技术的"精、深、专"为"德才兼备""文理兼备"的人才目标取代。随后，华中科技大学率先提出以人文素质教育为突破口，中共中央和国务院出台专门文件推进高校全面素质教育，并建立了一大批国家人文素质教育基地。人文素质教育并非只对理工科学生进行人文科学知识传授，而是对所有学生加强人文品格、人文精神的全面教育，是通识教育的具体体现。

（三）提高终身学习和终身教育观念

按照传统的职业教育观念，高校教育在教育序列中毫无疑问是人一生的终结性教育活动。但由于世界科技发展的日新月异以及世界性社会工作的不断变化，由联合国教科文组织的系列报告引发，以素质教育思想为理论支撑的终身教育、终身学习观念逐渐渗透到高校教育领域，高校教育究竟是终结性教育还是基础性教育一时成为学术界的争论热点。特别是高校教育达到大众化甚至普及化程度之后，高校教育的基础性就更加突出，高校教育只能为学生未来成为科技人才、从事科技职业打下知识、能力和继续学习的基础，而不能为未来准备好所需的一切。因而，高校教育人才培养必须更加重视比较宽广的学科领域、比较扎实的基础知识、比较强的学习和研究能力，也必须为在职人员提供大学毕业后继续学习的条件。

（四）以学生为本的个性化教学观念逐渐生成

一场世界性的学习革命，使高校教育教学模式也必须适应受教育群体的历史性变化，这是高校教育教学创新的直接指导原则和方向。具体而言，有如下表现：由单纯地掌握知识转变为更加注重智力发展和能力培养；由单纯的、狭窄的专业知识和能力培养转变为同时注重拓宽知识面，培养具有包括外语能力、经管能力、交往能力等多种能力的复合型人才；由单纯注重统一的培养规格转变为同时注重发挥学生的多样化特长和学习潜力；由偏重理论知识转变为同时注重实际知识，进一步强调理论与实践相结合；等等。

因材施教，促进人的全面发展是一项基本教育原则。为了克服计划经济时代"标准件"式的高校教育人才规格和培养过程中的固有缺陷，突出学生在人才培养中的主体地位，在教学管理、教学环节、教学方式等方面也要将统一的、封闭的、固定的人才模式变革为多样化、个性化的教学过程和教学形式。既努力拓宽专业口径又坚持按专业培养人才，既制定人才培养目标和基本规格又给予学生充分自由的发展，既坚持教学工作的计划性又给予学校、专业、教师和学生较大的灵活性。在教学管理上，推行学分制，实行选课、选专业等灵活的制度和政策。

三、高校教育教学思想观念变革的趋势

进入 21 世纪以来，随着我国高校教育大众化进程的不断推进，高校教育在保障机制等方面遇到了难以预料的困难，由此引发的人才培养质量争议成为高校教育的热门话题。政府联合高校回应这种社会争议的积极举动就是实施"高等学校教学质量与教学创新工程"，试图既改善高校教育的基础设施建设，又注重将物质条件转化为人才培养所必需的制度建设，不断推进教学思想观念创新。

（一）全面落实科学发展观

科学发展观的第一要义是发展，包括高校教育的发展、人的发展。围绕"以人为本"这个核心，人才培养工作必须是全面、协调、可持续发展的，这也是终身教育和学习化社会思想的基本要求。贯彻党的教育方针，推进素质教育，坚持"巩固、深化、提高、发展"的方针，遵循高校教育的基本规律，人才培养是高校教育的根本任务、质量是高校教育的生命线、教学是高等学校的中心工作等都属于新的高校教育教学理念。

（二）建立健全大教育观

具体表现在创新高校教育资源共享上，通过新教材和立体化教材建设、网络教育资源开发和共享平台建设，建设面向全国高校教育的精品课程和立体化教材的数字化资源中心，建成一批具有示范作用和服务功能的数字化学习中心，

完善服务终身学习的支持服务体系，提升我国高校教育的质量和整体实力。这需要充分考虑提高教学质量的系统性和复杂性，确定一些具有基础性、全局性、引导性的创新突破口，引导高校教育教学创新的方向，实现高校教育规模、结构、质量和效益协调发展。同时，也需要调动政府、学校和社会各方面的力量，把发展高校教育的积极性引导到提高质量上来，充分利用各方面力量支持高校教育的发展，切实解决高校教育在提高质量方面的实际问题，为高校办学创造良好的外部环境。

（三）高校教育教学创新

高校教育教学创新与高校教育质量提高是一对永恒的话题。总体而言，我国高等教育教学创新在实践活动上可谓阵容庞大、气势恢宏，但在形式和内容上出彩不多。因此，在教学制度创新方面，要继续建立和完善教学评估制度、专业认证制度、高校教育基本状态数据发布制度等；在教学活动创新方面，不仅要落实"教授、名师要上课堂"，还要努力建设高水平教学团队。同时，应继续突出学生的主体地位，不断加大学生选课、选专业的余地，通过学分制使学生学习的自主性、自我责任心进一步增强。还应通过各级各类大规模、高强度的教学研究与教学创新立项和成果奖励，推动教学方法创新的激励机制，根本改变教学方法创新零散、自发、孤立、短效的局面。

第三节 高校教育教学常用方法

一、高校教育教学常用方法概述

在已有研究成果中，对于高校教育教学常用方法的分析和认识有本质揭示型的，也有特征或过程描述型的，对于高校教育教学常用方法研究的风向转向了"模式"路径。无论是本质揭示还是特征或过程描述，都存在一个致命缺陷：教师本位思想。这样，几乎所有关于高校教育教学常用方法的本质定义和特征归纳，都陷入以教师为主导的"二元论"泥沼——从教师角度研究教授方法，从学生角度研究学习方法。教授方法和学习方法就构成教学方法。这种逻辑思路分析得出的结果自然离高校教学活动真实情景距离较远，教师的教授方法可以在没有学生参与的环境下进行，学生的学习方法更无须教师的直接参与。这两种可以游离的方法不是简单相加就可以组合成新的方法。因此，对传统的教学方法研究成果提出了批评。但批评与建构是事物发展的两个不同阶段，在建构尚无突破，也未引起足够重视的情况下，高校教育教学常用方法的研究却转向了"教学模式"研究，随着教学模式研究的兴起，教学方法研究逐渐式微。

其实，教学模式研究代替不了教学方法研究，或者仅仅是教学方法研究特殊阶段的一个尝试。很多教学模式研究成果显示，它属于教学方法研究范畴，教学模式是多种教学方法的综合。至于说教学模式是稳定的、典型的教学程式或策略或样式，这种表述背离了高校教育教学活动的本质，与高校教育教学活动特征不相容。因为高校的教学活动，尤其是教学方法，不存在可以照搬、套用的"方法组合"，试图设计或概括出一种模式加以推广也不符合高校教师、学生、学科专业、学校类型等差别化的实际。高校教育教学的本质是一种整体性的有机"活动场域"，教学方法是维系这种活动场域的或隐性或显性的"脉络"，即在教师的教授活动领域与学生的学习活动领域的交叉重叠部分发生的信息传达、消化、反馈的思维、路径、手段以及氛围环境等。在这个交叉重叠区域之外的教授方法、学习方法或者管理方法，虽然对教学活动、人才培养有重要影响，但不是严格意义上的教学方法。

在高校教育教学活动场域中，关于方法问题还不只教学方法一端，还有管理与教师活动交集场域的方法问题、管理与学生活动交集的方法问题。但教师和学生活动交集又与管理活动有一小块交集，问题的核心就在于教学方法的掌控权限。假如教师、学生、管理者在整个教学活动中的作用是均衡的，而且教学方法的选择与使用也是深度融合的，则三者对教学方法掌控权的共同认可范围大约是各自三分之一的"他控"组合区域，各自的三分之二都是自我控制的。也就是说，在教学方法的控制问题上，管理者、教师和学生都不可用全部的单方面意愿来衡量整体和他方的教学方法，真正可以达到三方共控的，是小于各自三分之一的共同空间。教学方法的自由是"教学自由"的实践根源。

二、高校教育教学常用方法的特点

认识教学方法的特点是认识高校教育教学常用方法的理性提升。仅从明确提出高校教育教学常用方法特点和分类来看，几乎都是循着"探寻模式"和"分析过程"两种思路在进行。薛天祥提出了课堂教学方法、自学与自学指导方法、现场教学方法、科研训练方法的"四分说"，陆兴提出了组织和实施学习认识活动方法、刺激和形成学习认识动机方法、效果检查和自我检查方法的"三分说"。我们通过分析大量教学成果奖获奖材料以及"教学名师"的实践经验发现，对于高校教育教学常用方法特点和分类的认识首先要回归教学活动本身。教学方法必须是在教学活动中充当"脉络"功能的东西，教学活动之外的、在教学活动之中但不能充当活动"脉络"的，都不能归于高校教育教学常用方法考察范围。

在整个高校教育教学活动中，一切活动都是围绕"提高教学水平和教育质量、实现培养目标"这个中心的，而且任何活动都具有其方法、途径、手段。在专门人才培养过程中，课程是最基本的知识与能力体现单元，也是高校教育活动中学科与专业相互转化与结合的最小载体。学科是一个按照学术发展逻辑不断丰富起来的系统化的知识体系，专业是教育活动按照社会对专门人才要求设计的一个相关学科知识体系群，开展这种学科知识体系群的知识传授和能力训练就是专业教育。可以说，专业是按照社会发展的逻辑变化的。课程是学科知识体系的分化单元，也是高校教育实施专业人才培养的最小的完整的知识与能力结构单元。高校教育的复杂性体现在从课程这个知识逻辑体系到转化为接受教育的学生所获得知识与能力的微观过程之中，这就是教学活动。因此，研究高校教育教学常用方法必须把课程作为基点，与教学活动关联不大。确定了教学方法的基本范畴，尚需进一步对教学方法的内在特点和结构进行细化。

高校教育教学常用方法特点的研究近年来比较沉寂。早前"二性论"（专业指向性、学术研究方法接近性）、"五个培养论"（学生的自学能力培养、研究能力培养、实践能力培养、合作精神培养、创新精神培养）、"七方式论"等，几乎都是对教学方法的实现功能考察得出的结论，到了"三性论"（学生主体性、探索性、学科专业性），关于高校教育教学常用方法特点的研究才逐步回归到高校教育教学常用方法本身。

循着这种思路，在全面考察高校教育教学常用方法涉及的各个方面之后，我们认为比较集中的、显然区别于其他层次教学方法或者高校教育教学活动中其他范畴的特点主要有以下六点：

第一是可感性。可感性与抽象性、不可感知相对。教学方法虽然具有工具性，但一味强调甚至放大它的工具性是不利于创新的，因此要把它看作维系教学活动场域的"脉络"，虽然"脉络"不都是可见的，但必须是活灵活现的。教学活动到了面对面的"方法"程度，感性色彩非常浓厚，不仅要使参与者都能够感知"方法"的存在，而且要富有效果。可感性是对教学方法的具体化概括，无论是语言、工具、形象、仪态，还是思路、能量等，都能够让人感触、感知、感觉得到。这就可以避免原来那种"方法是对知识进行加工并呈现出来"说法的片面性。可感性越强，可接受程度就越高。

第二是内隐性。内隐与外显、直白相对，近似于含蓄。教学方法的最终目的是教育学生，而无论从理论上分析还是从教学实践经验总结，对于不同的人，或者对同一人的不同时段和处境，教化的方法是截然不同的，这就需要教学方法具有内隐性，不全是直白的指点、训斥。同时，一切社会认知都具有内隐性，根据学习心理学的研究，学习者对于社会性信息感知的内隐性要强于对非社会性信息的感知。这好比大厦结构中的钢筋和水泥，内隐性是"钢筋"，外显性是"水泥"，它们共同构成认知建构的基本结构。高校教育教学活动，虽然是专业性教育，但更多的是社会认知性学习，因此，内隐性是教学方法的普遍特点。

第三是双重性。双重性就是事物的两种相对独立甚至对立的特性集于一体，很多事物具有双重性，高校教育教学活动的双重性尤为突出，在教学方法层面，教师和学生的主体双重性、教师和学生参与教学活动动机的双重性、目标的双重性、价值标准的双重性等都集中在一起。具体而言，突出表现在教学内容、方式方法、手段等。这些关系有的是从属的、有的是背离的、有的是相互交织的，还有的是客观性与主观性并存的。总之，忽视高校教育教学常用方法的双重性，教学方法就会走向死胡同。

第四是微观性。微观是个相对概念，社会科学中，通常把从大的、整体方面去研究和把握的科学称作宏观科学，从小的、局部方面去研究和把握的科学称作微观科学。在高校教育教学活动体系中，教学方法显然不属于宏观层面的概念或范畴，微观性是教学方法的实际处境，只有认识到这一点，才能准确分析教学方法的各种内在问题。任何提升或夸大教学方法层级的认识、企图都会把教学方法研究引向歧途。

第五是复杂性。复杂性是一门认识论、方法论科学，它是对"还原论"的批判和超越、对"整体论"的追求，或者说是既重视分析也重视综合、既关注局部也关注整体的系统科学的新发展。事物的复杂性是指在环境、条件发生变化时，不同行为模式之间的转换能力及其表现比较弱，某些新增条件似乎消解了一些元素。因此，要用非线性关系去把握局部与整体的变化。认识事物的复杂性，必须把握复杂性事物内在的非线性、不确定性、自组织性和涌现性。高校教学活动，完全符合复杂科学的这些特征，因此，教学方法相应地具有复杂性特点。

　　第六是丰富性。感性活动的基本特点是无限的丰富性，教学活动尤其是教学方法方式，既是有组织的合理性和合规则的建制活动，也是一种师生互动的感性活动。一名教师教授同样的课程，两次的教学感受以及教学方法可能是完全不同的，学生的学习感受也是如此。教学方法的丰富性实际就是教学方法的感性、复杂性以及双重性等特点的衍生结果。因此，期望用教学模式来"类化"教学方法的研究路径是违背教学方法规律和忽视教学方法特点的。

三、高校教育教学常用方法的分类

　　高校教育教学常用方法的基本特点，对于高校教育教学常用方法分类这种表征性的概括比较容易。高校教育教学常用方法的分类要从"类别"和"种属"两个方面分析，即按照类和种两个维度进行分解：第一个维度是"类"的角度，可以分为：①教学方法总论，②理论课程教学，③实践课程教学，④学习方法。第二个维度是具体的方式与途径，即"种"的角度，可以分为：①课程教学内容与体系创新，②教学方式方法创新，③教学手段与技术创新，④教学艺术与技巧创新，⑤教学方法模式创新与综合创新，⑥教学效果与质量检验方式创新，⑦教学组织方式方法创新，⑧教学方法创新理念与策略。建立这样一个二维方法结构表，基本可以反映高校教育教学常用方法的全貌，高校教育教学常用方法的所有特性也能够在其中找到相应的载体。高校教育教学常用方法研究要从高校教育教学活动的整体系统入手，深刻分析教学方法的特点，认识教学方法的规律，并在教学实践中有效运用教学方法。在进行高校教育教学常用方法研究时，有两个基本着眼点不能忽视。课程：教学方法研究的逻辑起点。教学方法研究从何入手，不同的路径产生不同的结论，比如以教学工具为基点，就会使教学方法研究偏重实现教学的手段；以教师主体为基点，就会使教学方法研究走向"教师中心"的单边主义。教学方法研究的适用基点可以有很多种选择。我们所理解的教学方法应该以教学内容为出发点，因为教学方法所承载的主要功能就是知识的传递、接收、转化与学生修养、思维、能力的训练。没有教学内容，教学方法就无从谈起。但是，教学内容是一个复杂的体系，大到学科专业的系统化知识体系，小到一个基本概念和定律、规律性常数等，针对不同的教学内容可能会出现不同层次的教学方法。

课程在发展演变中，曾被赋予多种多样的含义，富有代表性的课程定义有如下几种：学习方案，课程内容，有计划的学习经验等。一般认为，课程是系统的教学内容，是一系列教学科目的集合。具体而言，课程包括"教学计划"、

"教学大纲"和"教科书"规定和表述的内容。无论课程的定义表述如何，这里作为教学方法研究逻辑起点的课程特指高校教育课程。高校教育课程不同于基础教育课程，它具有自己的基本范畴和过程性特点。基本范畴是高校教育课程的一个系统性概念，最基本的是为达到某个教育目的而组织的一个单纯性教学内容。推而广之，还有教学科目、学科。过程性特点是高校教育课程的显著标志，无论哪个层次的"课程"都是为实现一定的教育目标而组织的教学内容，而且这些教学内容必须进入教学环节，参与教学活动。尽管从哲学、心理学、社会学以及交往论等不同视角对课程的过程性认识会有不同阐述，但"知识体系""教学资源""教育目的载体""组织模式"这几个核心概念是其灵魂所在。从起源来讲，课程就是"课业进程"。

教学方法是以某一门具体教学科目为基础的教学交往活动要素，不仅仅在孤立的一次教学组织活动或者在学科专业层面的全程教育活动中。在当前课程创新意义上，可以适当延伸到课程组群的教学活动，比如专业基础课程、专业课程或者理论性课程、实践性课程，还有以表现形态划分的显性课程、隐性课程等。因此，以课程为逻辑起点的教学方法研究，必然是丰富多彩的。

目标：教学方法研究的基本考量。这里的目标不全是高校教育人才培养规划目标，而是指具体课程的教学目标，但它又是整个高校教育人才培养目标的一个组成部分。这个课程教学目标既是课程体系的目标，又是教学活动的实现目标。按照课程论的观点，高校教育课程设计具有基础性、实践性和国际性的发展倾向，那么，具体的单门课程目标，既有与其他相关课程目标的分野，又有相互的衔接，即使整体人才目标的组成部分也各具自身的独特性。而要达到这个目标，则是教学环节即教学方法必须达到的教学目标。一般来说，将课程的知识结构体系传达给学生不是难事，但这不一定需要教师的参与，更无须教师设计教学方法。课程目标的重要任务是以知识体系为载体，通过教学活动达到训练学生能力、提高学生认知水平，并在一定程度上转化学生情感。

因此，研究和分析高校教育教学常用方法，必须把实现课程以及教学目标作为考量依据，尽管课程与教学目标也是教学评价的重要依据，但如果在教学活动的方法选择上游离教学目标，那么在没有做到"教考分离"以及学生对教学评价主导地位难以落实的情况下，课程教学考核依然会在教师或管理者的"单边主义"主宰下进行，不能反映某门课程的目标是否实现。这也是长期以来，高校教育教学活动中教师教书本、学生学书本、考试考书本，最后学生除学了一堆知识，实践能力、创新思维以及情感培育等非常欠缺的原因。

教学方法为实现教学目标服务，在教学方法被"艺术化"的倾向下，尤其要防止"为艺术而艺术"的思潮蔓延，使教学方法创新走上一条"为方法而方法"的道路。无论是实施教学组织，还是运用教学方法，或是评价教学方法，都应该把课程及其教学目标放在首位，根据目标实现的程度和效果以及采取某种方法开展教学的效果来考量教学方法的好坏。在各种类别和层次的教学方法中，以一门课程的教学目标实现和其相应一个教学活动单元组织开展的教学方法就是本研究的基本使用域。

第四节　高校现代教育的理念

一、现代教育理念的内涵

"教育要面向现代化，面向世界，面向未来。"这是邓小平同志 1983 年 10 月 1 日给北京景山学校的题词。题词发表后，迅速被各大媒体转载，在全国上下引起了巨大的反响，并由此拉开了教育界改革的序幕。

教育必须为社会主义现代化建设服务，社会主义现代化建设必须依靠教育。这是邓小平关于教育要"三个面向"思想的基本要求。因此，现代教育要适应政治、经济、文化的快速发展，必须以更加创新与完善的理念引导现代教育的改革。综合起来，现代教育理念大致可以归类为以下几个方面：

（一）以人为本的理念

21 世纪的今天，社会已经由重视科学技术为主发展到以人为本的时代，教育作为培养社会所需要的人才来促进经济社会发展的事业，更应当体现以人为本的时代精神。因此，现代教育强调以人为本，把重视人、理解人、尊重人、爱护人、提升和发展人的精神贯穿于教育教学的全过程、全方位，它更关注人的现实需要和未来发展方向，注重挖掘人的潜能，重视人自身价值的实现，从而不断提高人的生存和发展能力，促进人自身的发展与完善。

（二）全面发展的理念

促进人的自由全面发展是现代教育的宗旨，因此它更关注人的发展的完整性、全面性。表现在宏观上，它是面向全体公民的国民性教育，注重民族整体的全面发展，以大力提高和发展全民族的思想道德素质和科学文化素质，提高全民族的知识创新和技术创新能力，增强包括民族凝聚力在内的综合国力为根本目标；表现在微观上，它以促进每一个学生在德、智、体、美、劳等方面的全面发展与完善，造就全面发展的人才为己任。这就要求人们在教育观念上实现由精英教育向大众教育、由专业性教育向通识性教育的转变，在教育方法上采取德、智、体、美、劳等多育并举、整体育人的教育方略。

（三）素质教育的理念

现代教育更注重教育过程中知识向能力的转化工作及其如何内化为人们的良好素质，强调知识、能力与素质在人才整体结构中的相互作用、辩证统一与和谐发展。针对传统教育重知识传递、轻实践能力，重考试分数、轻综合素质等弊端，现代教育更加强调学生实践能力的锻造，全面素质的培养和训练，主张能力与素质是比知识更重要、更稳定、更持久的要素，把学生综合素质的培养与提高作为教育教学的中心工作来抓，以帮助学生学会学习和强化素质为基本教育目标，旨在全面开发学生的诸种素质潜能，使学生的知识、能力、素质和谐发展，提高人的整体发展水平。

（四）创造性理念

传统教育向现代教育的重要转型之一，就是实现由知识性教育向创造力教育转变。因为知识经济更加彰显了人的创造性作用，人的创造力潜能成了最具有价值的不竭资源。现代教育理论认为，教育教学是一个具有高度创造性特点的过程，以启发、点拨、开发、引导、训练学生的创造才能作为其基本目标。主张以更新颖的教学手段和美好的教学艺术来创造出教育教学环境，从而更好地培养创造型人才。现代教育主张，完整的创造力教育是由创新教育（旨在培养学生的创新精神、创新能力与创新人格）与创业教育（旨在培养学生的创业精神、创业能力与创业人格）二者结合形成的生态链构成。因此，加强创新教育与创业教育，并促进二者的结合与融合，培养创新型、创业型、复合型人才成为现代教育的基本目标。

（五）开放性理念

当今时代是一个开放的时代，由于科学技术的快速发展，以及经济的逐步全球化，世界逐渐成为一个紧密联系的地球村。以前的教育格局将被打破，取代它的是一种全方位开放的新型教育。这种新型教育包括教育方式的开放性、教育过程的开放性、教育观念的开放性、教育目标的开放性、教育评价的开放性、教育内容的开放性等。

（六）多样化理念

现代社会是一个日益多样化的时代，随着社会结构的高度分化，社会生活的日益复杂和多变，以及人们价值取向的多元化，教育也呈现出多样化发展的态势。首先表现在教育需求多样化，为适应经济社会发展的要求，人才的规格、标准必然要求多样化。其次表现在办学主体多样化、教育目标多样化、管理体制多样化。最后表现在灵活多样的教育形式、教育手段，衡量教育及人才质量的标准多样化等。这些都为教育教学过程的设计与管理提出了更高的要求与挑战，它要求根据不同层次、不同类型、不同管理体制的教育机构与部门进行柔性设计与管理，它更推崇符合教育教学实践的弹性教学与弹性管理体系，主张为教育事业的发展提供更加宽松的社会政策法规体系与舆论氛围，以促进教育事业的繁荣与发展。

（七）生态和谐理念

自然物的生长需要良好的自然生态环境，人才的健康成长同样也需要宽松和谐的社会生态环境的滋润。现代教育主张把教育活动看作一个有机整体，这个整体不但包括教育活动的老师、课堂、学生、教育、实践、内容与方法诸要素的融洽与和谐统一，还包括教育活动与整个文化氛围和环境设施的和谐统一，把融洽、和谐的精神贯注于教育的每一个有机的要素和环节之中，最终形成统一的教育生态链整体。

（八）系统性理念

随着知识经济的来临以及学习化社会的到来，终身教育成为现实。

教育成为伴随人一生的最重要的活动之一。因而，教育不再仅是学校单方面的事情，也不仅是个人成长的事情，而且是社会进步与发展的大事，是整个国民素质普遍提高的事情，是关乎精神文明建设及两个文明协调发展的全局性、战略性大业，是一项由诸多要素组成的复杂的社会系统工程，涉及许多行业和部门，所以需要全社会普遍参与、共同努力才能做好。因此，与传统教育不同，转型时期，我国正在形成的是一种社会大教育体系，需要在系统工程的理念指导下进行统一规划、设计和一体化运作，以培养人们的学习能力，提升人们的生存和发展能力为目标，以实现社会系统内部各环节、各部门的协调运作、整体联动为基础，把健全教育社会化网络作为构建教育环境的中心工作来抓，促进大教育系统工程的良性运行与有序发展，以满足学习化社会对教育发展的迫切要求。

二、高校现代教育理念

（一）高校教育理念的概念

我国学界对教育理念问题的关注和研究，始于21世纪之初的基础教育新课程改革。新课程从教学目标的确立到教学内容的编排，再到教学方式的设计，都与传统课程有着根本的不同。教师要想适应新课程的教学工作，必须转变教育思想和观念。其后，教育理念研究逐渐从基础教育领域进入高等教育领域。从已有教育理念的研究成果来看，其概念界定比较有代表性的观点如下：从教学理性认识的角度出发，认为教育理念是从先进的教育理论中演绎出来的有关教学活动的理性认识，是"教学应该怎样、为什么需要如此"的理想化认识，体现了教师对教学实践的价值期待及理想追求。从现实与超越的视角出发，教育理念不仅包括教师对教学问题的现实性认识，也包括教师对教学问题的前瞻性价值判断与结果选择。教育理念是教师对教学与学习活动内在规律的认识，是教师对教学活动的看法以及所持有的基本态度与观念。从大学教师的维度出发，教育理念是指大学教师头脑中观念性地存在着的，关于学科教学和学生智慧发展等方面理论与信念的综合体，是指导教师教学实践活动的理论基础。从融合与统一的视角出发，教育理念是教学理念和教学理想的一种融合，是主观和客观的一种融合，是认识和信念的一种融合，是思想和行为的一种融合，是事实判断和价值判断的一种融合。从教学思维和教学价值观的角度出发，教育理念是关于教学的根本看法和思想，是教师对教学问题进行思考所获得的结果。综上所述，学者们对教育理念概念的解读和界定，虽然存在认识视角和侧重点的不同，但也反映出一些共同特点，即都主张把教育理念理解为教师对教学所做出的主观认识和价值判断，是教师对教学表现出的态度与信念、期待与追求，是教师对教学所持有的思想与观念。

基于上述分析，我们认为，高校教育理念是高校教师在长期教学理论学习与教学实践反思基础上创造生成的对教学活动价值及其本质规律的认识和判断。从本质上来说，教育理念体现了高校教师对"教学究竟是什么"以及"教学到底能够做什么"的理性思考，深刻反映了教师对教学的应然状态以及教学的理想状态的憧憬和向往，因而表现为一种指向教学实践活动未来的精神范式和理性品格。高校教育理念不同于教育观念，教育观念或者是以"非系统化"的方式呈现关于教学实践的感性认识，或者是以"意识形态"的方式呈现关于教学实践的理性认识，具有强烈的现实性色彩。高校教育理念也不同于教学理想，教学理想是教师对未来教学实践发展趋势的把握、想象和憧憬，它不仅具有鲜明的情感性特点，而且具有极为突出的信念性特征。高校教育理念处于教育观念和教学理想的联结点与关键点的位置，较之于教学观念，它往往弱化了现实性而更具信念性；较之于教学理想，它往往弱化了信念性而更具现实性。教育理念在高校教师的教学实践活动中发挥着方向性和主导性的价值作用，是更新高校教师教学行为的先导和灵魂。教育理念渗透和融入高校教师的教学过程之中，不仅影响着教师对教学内容的讲解、对教学方法的运用以及对教学进程的调控，而且影响着高校教师的教学态度及其对教学认知、情感和行为的投入程度，因而是高校教师教学成功的最深层支撑力量。

（二）高校教育理念变革的趋势

进入 21 世纪以来，随着我国高等教育大众化进程的不断推进，高等教育在条件保障机制等方面遇到了难以预料的困难，由此引发的人才培养质量争议成为高等教育的热门话题。

1. 全面落实科学发展观

科学发展观的第一要义是发展，包括高等教育的发展和人的发展。贯彻党的教育方针，推进素质教育，坚持"巩固、深化、提高、发展"的方针，遵循高等教育的基本规律，明确人才培养是高等学校的根本任务、质量是高等学校的生命线、教学是高等学校的中心工作等新的高等教育理念。

2. 建立健全大教育观

具体表现在优质高等教育资源共享上，通过新教材和立体化教材建设、网络教育资源开发和共享平台建设，建设面向全国高等学校的精品课程和立体化教材的数字化资源中心，建成一批具有示范作用和服务功能的数字化学习中心，完善服务终身学习的支持服务体系，提升我国高等教育的质量和整体实力。这需要充分考虑提高教学质量的系统性和复杂性，确定一些具有基础性、全局性、引导性的改革突破口，引导高等学校教育教学改革的方向，实现高等教育规模、结构、质量和效益协调发展。同时，也需要调动政府、学校和社会各方面的力量，把发展高等教育的积极性引导到提高质量上来，充分利用各方面力量支持高等学校的发展，切实解决高等学校在提高质量方面的实际问题，为高等学校办学创造良好的外部环境。

3. 不断鼓励和引导丰富多彩的高等学校教学创新

高等学校教学创新与高等教育质量提高是一对永恒的话题。总体而言，我国高等学校教学创新在实践活动上可谓阵容庞大、气势恢宏，但在形式和内容上出彩不多。因此，在教学活动创新方面，不仅要落实"教授、名师要上课堂"，还要努力建设高水平教学团队。同时，应继续突出学生的主体地位，不断加大学生选课、选专业余地，通过学分制使学生学习的自主性、自我责任心进一步增强，还应通过各级各类大规模、高强度的教学研究与教学改革立项和成果奖励，推动教学方法改革创新的激励机制，根本改变教学方法改革创新零散、自发、孤立、短效的局面。

第二章 现代教育理念下高校教育教学的原则

第一节 概述

从现代教育理念出发，对科学性与思想性相结合原则、启发性与创新性相结合原则、专业性与综合性相结合原则、理论与实际相结合原则、教学与科研相结合原则等现代教育理念下高校的几个基本教学原则进行探讨，彰显出现代教育理念下高校教师做好教学工作的新意蕴。

现代教育理念下的高校教学原则，是指高等学校教师从事教学工作必须遵循的基本要求。它是根据高等教育目的、任务和教学规律提出的，是现代教育理念下高校教学实践经验的概括和总结。

我国高校的教学原则，是根据我国的教育方针、高等教育的任务和现代教育理念下高校的教学规律，批判地继承了古今中外的高等教育遗产，特别是在总结了我国社会主义高校教学实践经验的基础上提出的，对我国高校教学实践具有积极的指导作用。高校教师正确贯彻教学原则，是全面完成高校教学任务，提高教学水平和教学质量的重要保证。

高校教学规律的作用一般是通过教学原则对教学现象的本质解释来体现

的，而高校教学原则是现代教育理念下高校教学过程客观规律的反映，它是人们在认识高校教学规律的基础上，根据一定社会的教育目的和教学任务，经过一定的理论加工提出的高校教学工作的基本要求。高校教学的基本规律，主要有专才教育与通才教育统一规律、间接经验与直接经验统一规律、掌握知识与发展能力统一规律、传授知识与思想教育统一规律、教师主导作用与学生主体作用统一规律等。

目前，在我国高等教育学中，关于教学原则的名称、数目及其体系，还没有完全统一的意见。不过，在我国高校教学工作中具有广泛指导意义的、确实被公认和体现时代性的教学原则，主要是科学性与思想性相结合原则、启发性与创新性相结合原则、专业性与综合性相结合原则、理论与实际相结合原则、教学与科研相结合原则等。本节试图从我国现代教育理念下高校教学的视野对这几个教学原则作一些探讨。

一、科学性与思想性相结合原则

科学性与思想性相结合原则，是指我国高校教学要以马克思列宁主义为指导，坚持社会主义人才培养方向，向学生传授科学知识，并结合知识教学对学生进行德育，以完成立德树人的根本任务。

我国高校教学的科学性与思想性是辩证统一的。高校教学的科学性是思想性的基础，思想性是科学性的内在属性和重要保证。这一原则是高校教学的教育性规律的充分反映，是高校培养"德、智、体、美等方面全面发展的社会主义建设者和接班人"的必然要求，使高校立德树人的根本任务得以落实，体现出中国特色社会主义高校教学的根本方向和特点。

贯彻科学性与思想性相结合原则的基本要求表现在以下方面：

（一）高校教学要确保科学性，向学生传授知识

高校教学的科学性，是指高校教师向学生"传道，授业，解惑"的知识内容必须是科学的、正确无误的。为了便于学生理解教材知识，教师授课力求通俗易懂、生动形象，打比方、举例子、看视频，或者为了开阔学生学习眼界，向他们介绍不同的学说和观点等都是需要的，但要保证科学性，不要庸俗化、低俗化和极端化，更不能有违背国家宪法和法律的言行，不能向学生传播错误的思想观点、内容。此外，教师一旦发现自己的授课中有错误，要及时纠正。

（二）高校教学要贯穿思想性，对学生进行德育

高校教学的思想性，是高校教学中内在的能够对学生思想政治道德品质产生影响的特性。整个教学中教师要根据不同学科课程的特点对学生进行德育（思想政治道德教育），充分发挥高校教学"立德树人"的教育性作用。从内容上看，一是理想信念教育，包括马克思列宁主义、毛泽东思想、邓小平理论、"三个代表"重要思想、科学发展观、习近平新时代中国特色社会主义思想等方面教育。二是社会主义核心价值观教育，引导学生树立正确的世界观、人生观和价值观。其中，现代教育理念下高校教学要引导学生牢牢把握"富强、民主、文明、和谐"作为国家层面的价值目标，深刻理解"自由、平等、公正、法治"作为社会层面的价值取向，自觉遵守"爱国、敬业、诚信、友善"作为公民层面的价值准则，

将社会主义核心价值观内化于心、外化于行。三是中华优秀传统文化、革命文化和社会主义先进文化教育，弘扬民族精神和时代精神。从形式上看，一是高校思想政治理论类课程教学，要充分释放对学生直接进行德育的强大作用，让学生坚定马列主义和毛泽东思想信仰，用习近平新时代中国特色社会主义思想武装头脑。二是高校其他人文社会科学、自然科学类等课程教学，要积极挖掘不同学科教材的思想性，在教学中对学生渗透德育。例如，文学、历史学、艺术学等学科类课程教学，要充分利用其蕴含丰富的德育因素（如"爱国、敬业、诚信、友善"），潜移默化地对学生进行德育；理学、工学、农学、医学等学科类课程教学，要强化对学生进行爱国主义情感、科学精神和科学态度等方面培养，促进学生树立勇于创新、求真务实的思想品质，以达到"课程思政"目标。

（三）高校教师要不断提高自身的专业水平和思想修养

高校教师要不断钻研业务，不断提高自己的专业水平（专业知识、能力等水平），养成严谨治学的科学态度，形成科学的世界观和方法论，并运用于把握教材内容，指导教学实践。同时，高校教师要以德立身、以德立学、以德施教，不断提高自己的思想道德修养，充分利用自己对学生潜移默化的影响作用，结合所教学科的特点创造性地对学生进行思想政治道德教育。只有这样，才能保证高校教学的科学性与思想性的统一。

二、启发性与创新性相结合原则

启发性与创新性相结合原则，是指高校教学要充分发挥教师的主导作用和学生的主体作用，注重学思结合，调动学生学习的主动性、积极性，激发学生的积极思维、创新思维，促进学生在掌握知识的同时，培养创新精神和创新能力。高校教学坚持启发性与创新性相结合原则，目的是为国家培养具有社会责任感、创新精神和实践能力的高级专门人才。

贯彻启发性与创新性相结合原则的基本要求表现在以下方面：

（一）高校教学要调动学生学习的主动性

在高校教学中，教师要充分调动学生学习的主动性，包括学生的学习动机、兴趣等。这是学生学习的内在动力，是学生学习主体作用发挥的首要条件。同时，针对部分学生学习目的不明确和责任感不强的问题，教师还应对学生的学习目的、态度等方面进行启发引导教育，增强学生学习的责任感和使命感。

（二）高校教学要激发学生的积极、创新思维

"不愤不启，不悱不发。"启发的关键在于创设一种问题情境。所谓问题情境指的是一种具有一定困难，需要学生努力克服（寻找达到目标的途径），而又是力所能及的学习情境（学习任务）。学生的积极思维和创新思维常常是由问题情境引起的。现代教育理念下高校教师要根据课程的教材特点和学生的学习实际，在教学过程的各个环节，都要考虑如何从教学的重点、难点来创设问题情境，以激发学生的积极思维和创新思维，并采取具体的措施切实实现。例如，教师授课时要启发学生敢于对某些已知事物产生怀疑而再思考；敢于否定某些自己一向认为"是"的事物，通过再认识，发现其中的"非"；能进行"由

此及彼"的思考，朝着前向、逆向、纵向、横向发散思维；发扬教学民主精神，开展课堂讨论，鼓励学生各抒己见；实验（实训）中引导学生创造性的设计、报告等。这样进行教学，有利于培养学生的创新精神和创新能力。

高校教学的启发性、创新性要以学生掌握知识为基础，并同发展学生学习的认知能力（观察、记忆、思维、想象）、探索能力和实践能力等方面相结合。同时，教学要注重因材施教，关注学生不同的特点和个性差异，发展每个学生的优势潜能和创新能力。

教学要有创新性，很需要教师有创新意识。今天我国政府和大学都很强调创新，创新教育不只是重点大学的事情，也是高职、中专、技校的事情，它们也有能力培养学生的创新技能。同样，创新教育也不只是优秀学生的事情，每一个大学生都有创新潜能，只不过很多学生的潜能还没有发挥出来罢了。

三、专业性与综合性相结合原则

专业性与综合性相结合原则，是指现代教育理念下高校在实施专业教育的教学过程中进行综合化教育。这是一条反映高等教育本质特性的教学原则。

高等教育是一种专业教育，以培养学生将来从事某种专业工作为目的，也就是为社会培养各类高级专门人才。

当前我国高校实施的专业教育，是根据学科领域和社会行业部门的分类而设置专业，其教学组织单位为院（系）等。高校的教学过程主要是围绕着专业展开的，并且随着学生年级的提高，教学过程中的专业理论知识的传授和专业技能的训练所占的比重也越来越重。

高校实施的专业教育，是现代科学发展高度分化和社会分工的产物。同时，要看到科学发展的高度综合和社会分工的整合趋势，对现代教育理念下高校人才培养提出了综合化的实然要求。相应要求高校教学专业性和综合性相结合，为社会培养专业知识扎实、综合素质高、实践能力强的高级专门人才，这也是高校教学"专才教育与通才教育统一规律"的集中体现。

贯彻专业性与综合性相结合原则的基本要求表现在以下方面：

（一）高校教学要进行专业教育

我国高等教育（学历教育）应当符合的学业标准是：第一，专科教育应当使学生掌握本专业必备的基础理论、专门知识，具有从事本专业实际工作的基本技能和初步能力。第二，本科教育应当使学生比较系统地掌握本学科、本专业必需的基础理论、基本知识，掌握本专业必要的基本技能、方法和相关知识，具有从事本专业实际工作和研究工作的初步能力。高校本科、专科（高职）的各种专业培养方案（教学计划）、各门课程和各个教学环节，都要根据上述标准扎实地进行专业教育，提高专业人才培养质量。

（二）高校教学要进行综合化教育

我国高校教学在专业教育中进行的综合化教育，可分为两大类型：一是通识课程贯穿于大学生的四年或三年学业中。二是通识课程集中于大学生的一、二年级学业中。从中培养大学生的人文、科学（科技）等方面的综合素质，也提升了大学生专业学习的基础。还有的现代教育理念下高校是按学科大类进行的综合化（复合型）教育，即某一学科门类的综合化教学。

当前，值得审视的是高校教学在推进综合化教育中，存在着学科专业教育及优势被弱化的突出问题。对此，我们很需要遵循高等教育的人才培养规律，大力重塑高校的学科专业教育，也就是高校教学在以实施学科专业教育为主的同时，适切地进行综合化教育。

例如，我国首批"双一流"高校的建设，必然是建立在一流学科基础上的。这次"双一流"，无论是一流高校还是一流学科，都突出了学科建设的要求。即便是"双一流"大学，也都需要落实具体重点建设学科。这些本质上都在引导高校检讨自己的优势与特色，而不是什么专业学科都去做、都去建设，这显然是对过度综合化的一次调整，一次对高校的重新塑形。

四、理论与实际相结合原则

理论与实际相结合原则，是指高校理论知识教学要联系实际进行，注重知行统一，引导学生从中去理解和运用知识，从而学以致用和培养实践能力。

理论与实际相结合原则，反映了我国高等教育目的的要求和教学经验相统一的规律。学生学习的理论知识，主要是间接经验、书本知识，是人类的已知真理。这就要求教学注意理论联系实际，防止理论与实际脱节。

贯彻理论与实际相结合原则的基本要求表现在以下方面：

（一）高校教学要联系实际传授理论知识

高校教师在传授理论知识时，首先要讲清基本理论（理论知识的重点、难点），还要讲清产生这些基本理论的实践基础和这些理论的实际运用。因为各门学科课程的特点不同，所以教师授课联系实际的内容、方法也不同。教师对理论知识的传授，要联系的实际有诸多方面，如学生的知识、能力、思想实际；科学知识在经济建设和社会发展中的运用实际；科技特别是高新科技的运用实际；等等。

（二）高校教学要加强实践性环节及训练

高校教学的理论联系实际，要通向生产（产学研）、社会实践等。通过课堂讨论、案例分析、模拟、实验、实习实训、社会实践、毕业论文（设计）与综合训练等环节让学生参加教学实践性活动，达到印证理论、应用理论去分析、解决实际问题和培养实践能力的目的。

为了加强实践性环节，课堂讲授应当"少而精"，重视知识的简约化、结构化，让学生重点掌握本学科、专业必需的基础理论、基本知识和基本结构（方法）。要构建高校课堂讲授与实践（实训）整合化的教学模式，更加重视大学生学习本专业必要的基本技能、实践能力和就业创业能力的培养及训练。

同时，高校应通过校际联盟、校企（行业）合作等途径来助推实践性教学的实施。面向当前和未来产业发展需要，主动优化学科专业布局，促进现有工科的交叉复合、工科与其他学科的交叉融合。要突破"围墙思维"，主动对接地方经济社会发展需要和企业技术创新要求，深化产教融合、校企合作、协同育人。要增强学生的就业创业能力，培养大批具有较强行业背景知识、工程实践能力、胜任行业发展需求的应用型和技术技能型人才。

要强调的是高校教学的理论联系实际，必须正确认识教学中理论与实际的辩证统一性，既要防止理论脱离实际的教条主义，又要防止以实际代替理论的经验主义。当前，我国部分地方普通本科高校在现代教育理念下向应用型发展的教学改革中尤其要防止经验主义。

五、教学与科研相结合原则

教学与科研相结合原则，是指高校把科研引进教学，培养学生的科学精神、科学态度、科学方法和科学研究能力。这是一条反映高校教学特殊性的教学原则。

19世纪初，德国的洪堡提出"通过科研进行教学"和"教学与科研统一"的大学理念，并在他创办的柏林大学成功付诸实践。从此，这一理念成为世界各国大学普遍推崇与共同遵守的原则。

当今，我国重点大学与一般大学，本科院校与高职高专院校的人才培养层次，虽然有明显的区别，但科学研究作为高校人才培养的有机组成部分，则是所有高校人才培养教学过程的共同属性，它反映了高校教学过程的特点和规律，也就是"教学与科研的结合渗透在高等学校教学过程的一般形态中"，以适应新时代中国特色社会主义建设对创新人才培养的客观诉求。

贯彻教学与科研相结合原则的基本要求如下：

（一）高校教学和科研全程融合

从其活动的过程来说，一方面是高校教师将科学研究的宗旨、方法、手段及成果体现于教学过程的各个环节，实现教学过程的科研化。另一方面是高校教师将教学目标、内容、环节等结合到科研过程之中，实现科研过程的教学化，从而达到"教研融合"。在高校教研融合过程中，教师要及早引导大学生参与科学研究。国内外教育实践表明，大学生参与科学研究，既是培养创新人才的重要途径，也为促进学科发展和提升科研水平提供了生力军。大学生参与科研不仅给教师带来启示和反思，有助于促进教师科研和教学水平的提升，也直接促成了研究成果的产出和学科建设水平的提高。在国内外高水平大学中，大学生通过参加科学研究和技术研发取得创新成果（如发表高水平论文、申请发明专利、研发实用系统、社会调查等）的事例并不鲜见。

从其活动的途径来说，一是结合各门课程的教学，尤其是专业课程和提高性的选修课程，在经常性的各种教学活动中实现同科研的结合。教师把最新的科技信息和科研成果引入教学中，如中国科学技术大学"把课堂设在科学研究最前沿"。又如，教师在中医学类专业教学中向学生介绍中国药学家屠呦呦获得诺贝尔生理学或医学奖的巨大科学成就；教师在物理学、天文学专业教学中引导学生关注美国科学家对"引力波"的最新发现等。教师在教学中如能向学生呈现在一些科学技术上和新时代国家建设中亟待解决的难点问题或者重大问题，对于引发学生的科学探求和创新意识，培养学生的科研志向，是很有裨益的。

二是通过课程论文或设计、毕业论文或设计以及某些为培养科研能力而开设的课程，如文献检索、科学研究方法等课程实现同科研的结合。三是结合教学组织学生参加学术、科技、生产、社会调查及"三下乡"服务等实践活动，也是有效的科研训练方式。这种教学与科研融合的模式，对于学生来说有利于加强专业基础、拓宽知识面、提高创新能力，尤其有利于培养科研能力及科学精神、科学道德和科学方法，不断提升人文和科技素养，增强为新时代中国特色社会主义建设作出贡献的使命感和责任感，也为学生的自主创新发展和可持续发展奠定基础。

（二）高校教师要提高科研水平和能力

高校教师要一手做教学，一手做科研，也就是"教研相长"，结合教学做科研，以科研促进教学。教师在教学中，只有坚持不懈地做好科研工作，才能提高自身的科研水平和能力，并促进教学水平和质量的提高。教师只有做好科研工作，才能不断地将自己研究的新成果体现在教学内容中，才能真正实现"教学与科研统一"；教师也只有有了足够的科研经验，才能更好地指导学生的科研活动。

例如，河北农业大学的几代师生以"科教兴国、科教兴农"为己任，从农林学专业理论知识教学的实际出发，创新实践教学路径，走出校门、走向农村、走近农民，服务"三农"，长期扎根山区，"把论文写在太行山上"，综合开发太行山，走出一条科研进山、振兴贫困山区的"太行山道路"，发扬了"太行山精神"，让科研成果转化为农民沉甸甸的收获，为贫困地区群众脱贫致富作出了突出贡献。

李保国教授是河北农业大学优秀教师中的杰出代表。李教授毕生躬耕太行，30多年里先后在贫困山区推广36项实用技术，累计应用面积1826万亩，培育农业科技人才千余人。丰硕成果的背后是艰辛的付出，单是土质治理，李教授和他的团队就整整研究了十几年……他被同事和学生誉为"太行新愚公""把最好的论文写在了太行山上"。尽管每年在太行山区蹲点半年多，他仍然承担着校内不少的教学任务，尤其是他一直坚持给本科生上课。不管外出多远、时间多紧，他总能及时赶回学校，没有耽误过一节课；为了激发学生学习的积极性、创造性并促成学以致用，他甚至把课堂搬到山上，在果园里给学生上课。

上述关于高等学校的几个教学原则，都有其科学依据、内涵和作用，从不同方面对高校教师的教学工作提出了基本要求。但这些教学原则又是相互联系、相互作用的，是一个有机统一的整体，不能孤立地看待每一个原则。高校教师在教学工作中既要把握每条教学原则的精神实质，又要着重把握教学原则的整体功能，全面地加以贯彻，创造性地综合运用，以提高教学水平和教学质量。

第二节 价值理念与创新原则

制度建设与实践创新作为高校教育教学和人才培养质量的重要保障，是尊重高等教育规律，培养学生创新精神和实践能力的需要，也是办人民满意教育、建设创新型国家、构建和谐社会的需要，现已成为高校教学改革的重要研究领域。高校教学制度创新的供给侧亟须更新，以适应诸多需求带来的巨大挑战：分析教学中存在的制度问题，探讨教学运行、教学管理、教学服务的理念基础、价值精神和创新原则，有利于健全立德树人落实机制，扭转不科学的教学保障与评价导向，建构德智体美劳全面发展的人才培养体系。

制度一般指要求大家共同遵守的办事规程或行动准则，也指在一定历史条件下形成的法令、礼俗等规范或一定的规格。教学制度作为一种特殊类型的制度，与一般的社会经济、政治制度本质上是一致的，都是一种规范体系。制度的制定是为更多的人创设适应有效教学的制度环境或者教学环境，也是对少数不当教学行为的约束和限制。良好的教学制度能够保证教学活动按照预期的方向顺利、有序进行。教学制度是提高教学质量的关键环节，分析教学中存在的制度问题，探讨教学运行、教学管理、教学服务的理念基础、价值精神和创新原则，有利于建构创新人才培养的保障机制。

一、高校教学制度构建存在的问题

高等教育的发展已经实现了精英教育向大众教育转化，教育的规模与数量发生了翻天覆地的变化。高校教学制度的建立和完善变得越来越困难，一方面，高校之外的学习变得越来越简单，途径也越来越多，在很多专业领域，如维基百科、TED（Technology Entertainment Design）视频、应用程序、在线课程、论坛、游戏及聊天室相继开发出来。智能学习系统的开发和应用场景在现代教育理念下高校教学中也非常常见，相比传统教学，在线课程、混合课程几乎建立在完全不同的原则基础之上，学习时间更自由，教学材料更丰富，内容被切割成更多的小块。这些都鼓励了那些学习自觉性更高，对教师、辅导员、教学管理人员依赖甚少的学习者，网络、电子资源成了他们学习的中心。在斯坦福的一门慕课中，来自全世界的 400 名学生完成得比斯坦福大学最优秀的学生还要好。换言之，斯坦福最优秀的学生被一帮自学者打败了。另一方面，教学制度中的评价系统也正在发生变化。可汗学院在提供与教材匹配的在线课程的同时，通过数据控制器检索所有学生，获取大数据信息，学生的网上行为被一一记录，包括时长、频次、作业完成时间、反馈及时性等，这有助于帮助教师全面把握学生的学习成效。学生和教师也在此评价系统中受益，对于看得见的提高，师生皆大欢喜。学生的学业表现被网络公示后，激发了学生更用心地创作。这些变化都弱化了教师教学管理者的作用，也弱化了传统教学制度的功能。

我国已经成为世界上高等教育规模最大的国家，全国高校正在快速迈向高等教育普及化阶段。新一轮科技革命和产业变革扑面而来，新产业、新技术、新业态、新教育正迎接新的未来，国家创新发展和产业升级对人才的迫切需求前所未有。人才培养的政策环境与制度保障面临着更高要求和巨大挑战，然而，制度建设重要的理论支撑、人才支撑、平台支撑却依然相对不足，供给侧结构已远远不能满足教育需求侧结构的需要，尤其是不能满足当前高校人才培养的需求。

（一）教学制度创新的理论支撑不足

我国现代教学制度除了从古代《学记》等经典教育典籍中获取，主要来自国外现代教育理念下的高校教学经验，大多从美、英、俄、日、德等发达国家引入，但结合我国本土高校、立足本土思维的制度理论研究缺失，而国外的教学制度在试用和探索阶段容易出现"水土不服"和"走弯路"的状况。在有限的对大学教学制度研究的著作和论文中，大多探讨教学管理的基本流程、制度建设的常识性知识和操作性程序，而缺乏系统化的理论研究。多数学者从工作需要的角度出发，强调教学及管理的操作性层面革新，集中在组织制度和激励制度等方面的探讨，理论深度不够，尚未形成全面的教学制度研究框架。部分高校教学制度建设一直处于探索阶段，其研究未受到足够重视，难以形成系统性的规则体系，经验管理痕迹依然很重，距离科学管理的路程还很远。

（二）教学制度建设的研究组织发展不充分

现代大学已经加快了科学研究、科研发展的步伐，很多高校设置了高等教育研究处、发展规划处、发展研究中心和相关研究室等机构，但研究大多定位为宏观政策研究，对具体微观的教学制度制定，主要还是在教务处、教学研究室等部门，通过长期的办学实践，陆续出台了有助于科研发展的规章制度，有效激励了科研成果的孵化。相比而言，教学的制度建设、制度研究、制度实践本应由参与教学活动的群体共同负责的工作被片面地看作教学管理部门的职责，教务处既是制度研究主体，又是制度执行的主体，没有形成全校多元研究和教师群体共同关注的研究对象。很多学术造诣高的教师、研究型的科研组织很少关注教学质量和相应制度的建构，对教学及其教学保障相关制度的热情明显低于对科研成果的追逐，这也使得教学制度研究深度不够。

（三）教学制度改革创新不够

教学制度需要适应人才培养，尤其是创新人才培养的现实需求。受"路径依赖"和传统行政化思维的影响，集权式的制度生产方式，往往缺乏制度生成的创新路径，使得大学教学管理制度存在制度适应不良，忽视教育教学和大学教师身心的特殊性，难以有效培养大学教师良好的教学行为。当前，制度的文本数量已经超越了以往的任何时期，大学通过制度的刚性和约束作用，适应了管理的需求，却忽视了育人的保障，制度控制的刚性容易导致教学管理制度的不理性增长，控制代替了激励，教师会有消极的情绪，学生会产生逆反心理。良好的管理应当"既有纪律，又有自由；既有统一意志，又有个人心情舒畅"，在教学管理的制度生成和过程执行中，需要创新更多的制度生成路径和实施路径，在控制与教学自由之间达到一种平衡，刚柔相济，统而不死，放而不乱，既要有教师和学生的接受度，又让师生在育人过程中充满获得感。

（四）教学制度创新方式方法单一陈旧

大学教学人员作为具有主观能动性的"理性经济人"，他们的教学行为选择要受到个体情感需要和物质利益需求的影响。制度设计需要从主体、时间、空间、文化、心理等因素入手，掌握并运用有效的方法，对教学习惯或已有条件进行更新。然而，由于制度依赖和惯性思维的影响，任何变化均需要付出相当的工作量，甚至会因为调整一定的利益格局，制度创新往往成为费力不讨好的事情，经久不变的陈年旧法即使大众都知道有问题、有漏洞，但由于制度创新的方式方法单一，而很难提出建设性的创新方式方法，难免会造成主观主义和命令主义的错误倾向，不易及时把握教师和学生的感情，造成激励无效，影响师生的教学积极性和教学绩效。制度之间的衔接也缺乏相应的机制，因而需要选择适当的方法，并有效组合，从而达到事半功倍的效果。我国高校教学制度建设大多采用借鉴历史、整合其他高校教学制度为己所用的方式，缺乏制度创新的合理性解读程序，没有很好地开展深入系统的研究和实践，制度具有局限性、不稳定性和不确定性。

二、高校教学制度建设的价值理念

历史制度主义认为制度是一种"连续的结构"，社会学制度主义认为制度是"文化规范"和"认知框架"，理性选择符合高校教学实际的制度框架文本，把制度建设成"规则的集合"。目前，保证教学质量和提高教学水平已成为高等教育改革的主要内容，前者是由大学内部功能定位决定的，后者是人才竞争中的市场确定的。在加强高等教育教学改革研究的同时，推进教学管理制度建设，克服制度建设固有顽疾，发挥制度建设在管理、评价、诊断、反馈中的积极作用，切实解决大学人才培养中的实际问题，为教学改革提供良好的制度环境，已是不容忽视的问题。通过制度的设定，逐步转变教学思想、教学内容、教学方法等内容的人性观、教学观和管理观，树立高校教学管理制度建设的新理念，是推进和切实保障教学改革的重中之重。

（一）坚持立德树人的理念

高校具有人才培养、科学研究、社会服务和文化传承四大功能。人才培养是其最核心、最根本的功能，贯穿于其他各项功能之中。大学作为高素质创新人才培养的重要基地，要准确把握立德树人的深刻内涵和实践要求，并将之贯彻到人才培养全过程、全体系和全环节之中。未来世界的竞争，归根结底是人才的竞争、科技的竞争，特别是创新人才的竞争。人才培养的质量提升取决于三方面的因素：观念、制度、人才。观念形成现实，历史是观念的竞争而非利益的竞争。高校建设和改革的基本出发点是"以人为本"，落实立德树人的根本要求，准确把握高等教育基本规律和人才成长规律，让学校所有工作都能真正回归常识、回归本分、回归初心、回归梦想。首先在全校上下统一"以人为本"理念中对教师和学生的人性假设，现代高校师生首先是具有知识水平、探索能力和创新精神的"学术人"和"知识人"。办学以教师为主体，教学以学生为中心，归根结底管理制度的设计是"为人"服务，切实加强制度的"为人性"和"育人性"。

（二）全面协调与可持续发展理念

人才的培养是全面发展的人才培养，当前，基础教育负担重，高校学生负担相对较轻。要狠抓大学教学质量，坚持科学发展观，落实"以本为本"，推进"四个回归"，确保教学工作的中心地位。制度的"普适性"要求制度设计必须统筹兼顾、综合协调，而教学制度的指向性则要求制度设计在人才培养过程中应充分适用，切实扭转当前评价的"四唯（唯论文、唯职称、唯学历、唯奖项）"倾向，建立科学合理的多元评价机制。从现实来看，当前高校收入来源，还有很大一部分依靠学生学费收入，部分大学存在扩大招生规模的激情，缺乏注重质量的理性。要加强规模与质量相互匹配，在制度设计上促进规模、质量、结构、效益协调发展，正确处理和保障教学与科研的协调关系，以科研带动教学，以教学促进科研；改善师生交往关系，从以教师为中心转向以学生主动发展为主，"学生中心、持续改进"，充分对话交往，发扬教学民主性。

（三）质量优先与质量保障理念

中国特色社会主义进入了新时代，我国经济发展也进入了新时代，我国经济正由高速增长阶段转向高质量发展阶段。质量优先是质量时代的产物，强调高质量发展，意味着人才培养的高质量需求、高质量供给、高质量资源配置、高质量投入产出。教学管理的质量包括教学质量、人才培养质量、公平道义的关注以及制度文化建设等，质量是制度建设的重要指标，把握和关注这些质量要素是良性制度建设的前提。教学制度作为教学工作的重要保障，是对学生学有所得、学有所成的全面负责。我们所讲的质量，是全面发展的质量，其维度是立体、多元和动态的。不仅是知识质量，还要建立健全具有参与性、公开性和透明性的各项工作制度、管理制度和评价制度，使学校的质量精神成为全体师生共同遵守的行为准则，自觉为学校的质量目标和质量方针实现而努力。

三、高校教学管理制度建设的创新原则

关于制度的形成，施密特提出了一个强大的"观念性逻辑概念"，即制度

形成的根本动力来自观念，其直接动力源于观念而生成的话语。高校教学管理制度需要根据人才培养目标和规格要求，尊重传统又不拘泥于传统，适度的维持与适度的创新组合。现代教育理念下高校教学制度的创新，一是有赖于主体的自觉和理解，尊重制度的规范作用与引导作用，承认制度的价值并自觉遵从和执行。二是有赖于内生需求和动力，制度建设本身要追求"健全和完善"，力求理性与德行相统一，追求制度的理性和张力。三是有赖于周期性的等待与坚守，如万物有周期，制度的优劣得失需要时间检验，也需要时间去认知和认同，在改革与坚持之间应当有静待花开的耐心，避免制度一直在变动之中。因此，我国高校教学管理制度建设既要有辩证的思维，又要有科学的理性，既追求创新，又坚持原则。

（一）继承与创新相结合原则

管理的核心内容是在现有管理效能基础上有所提升，维持是基础，创新是方向，维持是保持现状，是求变创新发展的基本和载体，制度的发展需要保存制度的延续性和稳定性，否则就会让制度环境不可捉摸，主体也会显得无所适从。教师和学生在人才培养的努力中，容易缺失努力的参照和方向，尊重传统制度的管理优势，运用现有教学管理中的优秀经验，重用现有运行模式，将经验管理进行科学化转化的一个必要环节就是教学管理经验的制度化、标准化和专业化。教学单位和相关部门需要改革教学管理制度，一方面，要正确对待"破"和"立"的问题，谨慎推进和大胆创新相结合，另一方面，也必须承认，创新毕竟是一个过程，既非流行的口号，也非终结的目标，必须充分考虑大学人才培养的实际，把握办学和教学的规律，仔细思考部分制度"维持"和坚守的意义，既不能不顾办学规律，又不能固守成规、一成不变，既不能为创新而创新，又不能不顾办学实际，完全否定延续的制度体系，大学制度创新需要在局部突破时牢牢把握住其他部分的维持，创新是维持基础的发展，维持是创新的逻辑延续。

（二）制度建设与实践创新相结合原则

教学管理制度不是固化的文本形式，创新的前提就是调查研究和理性思考，创新是一个逐渐完善、螺旋式前进的过程，创新是在规范基础上的创新，制度建设始终是规范层面的东西，必须通过不断的实践探索、科学创新，才能把制度建设中的相关思想落实到具体的实践中，通过实践的创新探索，不断总结经验，又为进一步的制度建设提供有力佐证，并为丰富制度体系奠定基础。教学管理制度的变革性和创新性，已经在人类教育活动实践中得到应用，还将继续成为一个生机勃勃的规范体系。保留制度中富有成效的、合理的内容，实现教育的可持续发展，必然要有制度建设的创新精神和勇于实践的探索精神。

（三）整体把握与细节处理相结合原则

教学管理制度是一个复杂的制度系统，在制度设计时要充分把握全校教学工作的整体框架，面向全体教师和学生，关注教学的所有环节与基本条件。从整体把握教学管理的内容体系，同时又要重视制度设计的论证，充分考虑具体制度细节的可操作性与可测量性，确保制度运行合理有效，既全面管理又重点把握细节处理是整体把握的必要保障，在整体中注重细节，在细节中体现整体。

制度的建设和完善需要充分考量决策层、执行层、监督层的彼此衔接。在不同的制度体系中，还需要注意交接界面的细节把握，既要注重制度体系中的内部环节的一致性和有效性，同时要注重外部制度和内部制度的彼此呼应，教学制度与人事制度、财务制度、后勤保障制度之间也需要衔接和配合。

（四）民主与集中相结合原则

制度建构了个人选择方式以及对行为的有效塑造。随着信息时代的到来，人与人之间的关系越来越透明，教学行为也越来越可视化和可量化。教学制度中既要充分尊重决策的强推进性，也要注重师生个体在教学行为中的表现特征，注重师生在教学中的话语权与表达自由集思广益和众筹智慧越来越被教学决策者重视。数字化校园越来越重要，数字化、智能化管理普遍存在于教学过程中，个体被行为数据分析得越来越透明，人与人的差异被解析得越来越透彻，用普遍的制度去约束或引导教学行为的难度越来越大，教学中的民主正受到制度倒逼和技术倒逼，教学制度在创新中不断革新。

大学作为底蕴厚重的学术机构，是一个松散联合的组织系统，校院系及各学科专业之间在教学管理流程和方式上存在巨大差异，教学人员的情感机制和教学运行的复杂网络，很难依靠统一强硬的教学管理制度达到理想的管理效果。哲学家温迪·伍德指出，程序将会成为一切不可见的却又有着巨大影响力的事物。制度为了保障程序的公正合法，需要随时关注这些"看不见的手"。与此同时，随着数字化社会的到来，诸多新兴技术正在倒逼高校教学改革，诸多以人为本的教学创新正在变成现实，如同人工智能汽车能够提升道路安全性和使用率，其正向价值显而易见。但是，我们也要为无人驾驶修改诸多的制度，如交通法、保险制度、基础设施配套等。教学创新和改革变成现实之后，我们同样需要在自由和个性化的校园，提供更丰富的教学制度，我们需要一种新的制度性结构与之相适应，我们面临教学方式、内容、方法和智能化技术手段的冲击，甚至包括教学组织形式的解体，教学制度的建设专家也将面临更多的现实问题，有些问题我们甚至毫无头绪。在构建现代大学制度的基础上，如何提高现代治理能力和教学管理水平，依然是个永恒的课题。

第三节 以人为本原则

高校是教育事业的主阵地，其教学质量的高低与社会的发展有着直接关联。高校教学管理作为高校管理工作的服务领域，需要贯彻"以人为本"的理念，这既是实现培养高质量人才目标的需要，也是教学互动正常开展的重要保证。在高校教学管理工作中贯彻"以人为本"理念应突出以教师为本，以学生为本，建设一支人本理念的管理队伍。

一、以人为本理念与现代高校管理

"以人为本"的理念是中国共产党在发展真理的道路上实现的新突破，摆脱传统以物为发展中心的观念。传统的发展理念将物质财富的增加作为社会进步的标准，没有充分注重人的发展和人的自由问题，出现了"见物不见人"的现象。新时期"以人为本"理念打破了这一发展的标准，把人的全面发展作为社会发展与进步的标准，更多地将人作为各项工作的中心，以追求更加和谐的社会关系。"以人为本"的思想是一种系统概括的思想，指导社会发展和各种管理实践，不同领域有着不同的体现形式。对于高校教学管理领域而言，坚持"以人为本"，就是以师生为主体，追求师生全面发展和自由发展，从师生的自我管理基础出发，按照教育的整体目标引导教育教学活动，通过师生的不断努力实现全面的自由发展的管理。

二、高校教学管理中贯彻以人为本原则的现实意义

高校教学管理是"建设、改革和管理"的有机融合，是通过一定的管理程序和管理手法对教学活动进行规划、组织、指导和控制，最终实现教学目标的过程，涉及内容广泛，是高校管理工作的重中之重。高校教学管理贯彻落实"以人为本"原则，确立以学生和教师为中心的管理模式，有利于激发学生和教师的学习工作积极性，有利于各项工作的开展，具有以下几个方面的优势：

1.有利于调动多方的积极性。高校管理涉及的三个最主要的管理因素分别是学生、教师和管理人员，它们组成了高校教学管理体系。"以人为本"思想的贯彻落实还需要更好地发挥三者的关系，充分调动工作积极性和创造性，实现更好的管理效果。高校的教学管理模式，需要从招生注册开始，细化教学计划、教学过程、学籍管理等环节的框架，符合实际，科学可行。以人为本的高校教学管理，做到以学生、教师和管理人员为核心，从人的利益角度出发，维护好、

尊重好、实现好人的各种要求，得到人的认可，才能真正发挥管理体系的学习工作热情。

2. 有利于创新人才的培养。创新是发展的核心动力，没有创新就没有新技术新思想，发展也就失去了动力，"以人为本"的高校教学管理扩大了创新人才培养的有效途径，因为学校本身就是培养创新人才的地方，全面发展、具有创新思维和创新能力的人才对于社会发展来说至关重要。"以人为本"的高校教学管理突出了创新意识教育，强化主观创新观念，不再束缚和限制个人的发展，以充分的发展自由刺激创新能力的发展。"以人为本"的高校教学管理还转变了传统的人才观念，以更加符合时代需求的模式进行人才培养，摒弃陈旧落后的课程设计，增加现代化的内容，以新发展和新成果引导学生发挥主观能动性，提高创新能力。

3. 有利于多层次的教学管理。教学工作是高校的基础工作，教学管理则是保证基础工作顺利开展的关键。"以人为本"的教学管理从制度和规范上都与社会需求紧密结合，围绕科学管理体系健全了管理层次，进一步明确了具体的管理职责，教学过程中各个方面都能按照既定的方式进行，活动双方也有更强的参与性，提高了教学活动的质量，更提高了教学管理的效率。

三、高校教学管理中以人为本原则的具体要求

高校教学管理是一个庞大而复杂的系统，主要的管理对象包括教师、学生和管理人员。高校教学管理又是一个全面的系统，体现了"以人为本"的思想，

管理对象相互关联又独具特色。高校教学管理"以人为本"的原则突出体现在以下几个方面：

1.高校教学管理要突出以教师为本。要在高校教学管理中突出"以人为本"的原则，就必须将"以人为本"的目标细化，明确具体的管理措施，把"以人为本"落到实处，而不只是停留在理论上。在教学管理中，"以人为本"原则主要表现在以教师为本上。确定教师的地位并明确教师的职责，充分为教师着想，维护教师的根本利益。

贯彻以教师为本的原则，首先要在教学活动中肯定教师的指导作用。教学活动作为一种社会活动，具有改造客观世界的作用。教学活动中，教师是主导者，是实践者，更是改革者。学生是教学活动的客体，也是实践对象和改革对象，教师的主体地位决定了相应的职责，教师要实践教学活动，要进行教学活动的设计和指导，也就是说教学活动是教师的"主战场"，突出以教师为本的原则，就要在教学活动中突出教师的导向作用，这个导向作用主要体现在教学内容、教学方法和教学组织的设计与实施中。

2.高校教学管理要突出以学生为本。教师的主体地位体现在教学活动的主导作用，那么相应地我们也需要肯定和重视学生在教学活动中的主体作用。坚持"以人为本"，学生在教学活动中的中心地位坚定不移，高校教学管理要处理好师生之间的关系，达到最好的教学效果。

首先，学生是教学活动中获取知识的主体。在教学活动中，学生要学习新知识，掌握技能，提高思想道德品质，提升综合素质能力。所谓教学，教是为了学而存在的，教的效果也直接体现在学生的学上，教学质量也就是学生的学习质量，这一系列的活动都体现在学生转化知识的行为方式上，因此说学生在教学活动中有着不可忽视的重要性，如果把学生作为知识的"容器"，学生始终处于一个被动的状态，知识的转化过程几乎没有学生参与，教学活动怎么可能协调进行，学生也得不到应有的发展，因此，在教学管理中，要明确突出以学生为本的原则，将教师的导学和学生的主体作用相结合，强调以教师为本的主导作用，同时也不忽略以学生为本的学习过程。相应地，如果学生不会学习，不去主动地学习，教师采取的教学手段也得不到任何效果，也就无法突出以教师为本的主导作用。

其次，要注重教师与学生的互动过程。现代教学理论中对于教学活动中的师生关系有了更加科学的观点，因为师生之间的沟通为知识的流动提供了一个良好的"网络"，双向地调动了教师和学生的参与积极性，学生在与教师的沟通中，主体地位充分体现出来，学生感到自己受到了更多的重视，增强了学习的信心，建立了更强的师生信任度，有利于教师的教学达到预期目标。

最后，学生是充满活力的。学生在学习活动中主体地位的体现就是能动性，这个能动性极大地反映了学生的活力。在教学活动中，如果每一名学生的优点和特点都得到了表现，学生会感到自己受到了更多的尊重，从而激发学生的潜力，实现更加全面的发展，学生的活力不仅体现在课堂上，也体现在课堂外的各项互动中,因此以学生为本,更要注重学生的全面发展,学生自学能力的培养、创新意识的培养和实践能力的锻炼,都需要在教学管理中得到落实,这样才能让学生行使选择的权利。

3. 高校教学管理需要一支有人本理念的管理队伍。由于受传统观念的影响,专业知识的缺乏,在部分管理者的理念和思想中,还没有真正树立服务理念,仍然重管理轻服务,缺乏与教师、学生的沟通、交流能力,这种缺乏"人本管理"的理念既不利于激发师生的教学热情和内在潜能,也不利于管理人员在工作上创新,不适应现阶段高校改革和教学管理发展的需要。在高校教学管理中贯彻"以人为本"原则,还需要建设一支有人本管理理念、专业知识娴熟、具有一定的组织管理能力和管理协调能力的高素质管理团队,他们能结合当代高校教学实际情况发现问题并及时解决问题,有科学的决策能力,对高校教学活动有一定的调控作用,并且不断更新先进的管理手段和管理理念,以适应不同社会环境下的管理工作。

总之,高校教学管理中,首先,要确立服务意识,服务于人才是真正将人作为工作发展的中心。其次,应给管理者提供发展空间与培训机会,学习科学的管理理念和管理手段与方法。最后,要明确管理目标,想学生所想,急教师所急,满足教学活动发展的各种条件,让师生在良好的环境中都能得到充分的发展。

第四节　质量监控原则

教师专业化与教学质量监控是教育实践研究中的热门与焦点问题，在厘清二者内涵，分析二者相关性的基础上，经研究，高校教学质量监控应遵循以下三个原则：上下贯通，即以上级要求为依据与以教师意见为参考相结合；动静结合，即进行常态化的相对稳定的量化考核与实施动态的评价过程相结合；宽严相济，即严格按照教学质量监控标准及程序实施评价测量与进行弹性管理相结合。

在高校系统的教育教学过程中，师资队伍质量是影响教育教学质量的关键，教学质量监控是保障教学质量达到预期目标的管理活动，高校在实施教学质量监控过程中，应避免因制度标准的统一性、程序性以及不灵活性所导致的阻碍教师专业化发展的弊端，充分发挥标准规范的考核对教师专业化的引导与促进作用，实现高校以质量谋发展，以质量促发展的目的。

一、内涵阐释

1.教师专业化。教师专业化，最早提出是在1966年联合国教科文组织和国际劳工组织的《关于教师地位的建议》中。1993年《中华人民共和国教师法》提出"教师是履行教育教学职责的专业人员"，之后，于1995年确立了教师资格证书制度，加强了对教师专业地位的确认，促进了教师专业化的发展。

教师专业化的内涵，因对其考察的视角不同，而体现出差异性。对于高校教师发展而言，教师专业化指教师通过传授学业知识，实现良好的教学效果，使学生在德、智、体等方面全面发展，为社会培养合格人才。对于高校人才培养目标而言，一是体现为高校教师因具有丰富的专业知识而成为某一学科的专家，二是肩负着教育学生成为有用的社会人才的重担，要培养学生正确的世界观、价值观、人生观。

基于以上分析，可以得出，教师专业化是教师在教育实践中持续进步的动态发展过程。不仅包含教师专业知识的不断学习与充实，也包含教师职业态度以及教育教学方法的持续改进，其核心体现为教师内在专业结构的改进与教学水平的提高。

2.教学质量监控。教学质量问题一直是各高校关注的焦点，在我国高等教育大众化的形势下，教学质量监控问题受到越来越多高校的密切关注，不仅是研究的热点，也是亟待加强的重要工作。教学质量监控指的是计划、评价、监督、反馈以及调节的全面持续运行过程，高校依据上级教育部门的相关规定要求，制定相应的教学标准与规范，评价、监督教育教学过程的各个环节，包括对学生学的监控、教师教的监控以及教学管理过程的监控等全方位，其可以概括为以提高教育教学质量为目标，促进高校教育教学工作按预期的计划进行并最终实现培养目标的活动过程。

二、相关性厘定

教师专业化与教学质量监控在内涵上具有差异性，但二者也存在密切的相关性。

从各自内涵看，虽然教师专业化与教学质量监控因针对具体问题的角度不同而呈现出差异性，但二者也存在密切的相关性。首先，二者目标一致，教师专业化与教学质量监控的最终目标都是提高教育教学质量。其次，二者内涵相互包含，对教师教育教学的评价是教学质量监控的重要内容，专业化发展也是实现监控标准，提高教育教学质量的有效保障。再次，二者运行过程中相互扶持，教学质量监控对教师教育教学行为制定了标准规范，该标准规范不仅是教师专业化发展的要求，也对教师专业化发展起到引领的作用。因此，教师专业化发展能够促进教学质量监控目标的实现，教学质量监控的实施也推动了教师专业化发展进程，二者相辅相成。最后，二者不适应，教师专业化与教学质量监控的最终目标都是提高教育教学质量，二者具有目标一致性，然而，在教育教学过程中二者却体现出不适应性。一方面，教师专业化发展是动态过程，具有自身的规律，在教师发展成长的不同阶段，会体现出专业水准、专业理想等各方面的差异性。而教学质量监控却只能以制定出的较为优秀的教师的教学行为及效果作为评价标准。另一方面，由于高等教育本身的特点，学科知识的复杂性，高校教师的专业知识、能力和素养会存在差异，高校教师在教育教学理念、方法以及专业追求等方面会体现出一定的独特性。可见，教学质量监控在促进教师专业化发展过程中存在诸多不适应的环节。

三、原则分析

基于以上分析，在教学质量监控过程中应坚持考核标准的权威性与"以人为本"相互融合的理念,既要考虑质量监控标准与规范的制度约束作用,也要考虑教师专业化发展的动态性过程,在发挥教学质量监控规范作用的同时引导与促进教师专业化发展。

1. 上下贯通。上下贯通原则主要是指以上级要求为依据与以教师意见为参考相结合。教学过程的复杂化致使教师专业化不是单一的过程,教学质量监控不仅要尊重上级部门,比如国家、地方的教育发展政策与规划,制定高校的教育教学质量监控标准,同时需关注教师的感受和需求,在教学质量监控标准制定与实施监控过程中加强与教师的沟通,将教师在教育教学过程中的总结体会以及对教学质量改进的意见建议作为提高教学质量监控与管理活动的重要参考,从教学管理方面发挥教师对教学质量提高的重要作用。

2. 动静结合。动静结合原则主要是指进行相对稳定的常态化的量化考核,与动态评价相结合。作为教学管理活动的教学质量监控工作,必须有监控的标准作为依据,考核标准的科学化、量化有助于考核的实施,并且考核标准要具有一定的稳定性,教学质量监控的实施也要形成常态化。然而,鉴于教师专业化的动态性与阶段性特点,其影响教学质量的重要因素不是仅仅依据程序化、量化的考核方式就能够测量与控制。因此,在监控实施过程中应针对教师专业化的不同发展阶段,体现出评价的动态性特征以及教师的进步性特点。

3. 宽严相济。宽严相济原则主要是指严格按照教学质量监控标准、程序实施与进行弹性管理相结合。一方面,要严格按照相关政策文件要求以及高校办学实际，制定科学合理的质量监控标准规范，并实施严格的质量监控以保障日常教学的正常运行。另一方面，在对监控目标实施严格考核的基础上体现管理的个性化。比如，对于教师按时上下课，按程序调停课，课程开课学时数以及开课学期等的监控要严格按照要求落实。在教学质量监控过程中应针对教师所处的发展阶段及个体工作状态，对高校教师实施个性化管理，在质量监控过程中考虑到不同教师所处的发展阶段，对其教育教学行为进行差异化的考核评价。

教师专业化是提高教育教学质量的基石，是一个不断完善的发展过程，在教学质量监控的实践中应秉承制度规范与人文关怀相结合的理念，消除教学质量监控对教师专业化发展的不利因素，提高教学质量监控对教师专业化发展的促进与引导作用，这也是广大教育工作者需要在实践中不懈努力与奋斗的目标。

第五节　体系构建原则

开展课堂创业教育是为了培养学生创业意识、提高学生创业能力、缓解学生就业压力。创业教育的目标是培养人的创业思维、创业意识和创业技能等各种创业综合素质，课堂教学是高校开展创业教育的主要形式。本节通过分析我国创业教育课堂教学的背景和意义，提出改进我国高校创业教育课堂教学体系的基本策略框架，为高校更好地实现创业教育目标提供参考。

一、创业教育课堂教学体系的现实背景

大学生毕业首先想到的是到何处工作或继续深造，很少有学生会考虑自己

是否可以创业，同时很多没有上过大学的人开始寻找创业的机会，以更好地实现自己的人生目标，高校创业教育的缺失是导致这种现象出现的原因之一。我国高校的学生毕业后大多数选择就业，开展创业教育课程的高校相对较少，因此学生很少拥有创业意识，即使部分学生拥有创业意识，也常会被一些现实情况抹杀，这种现象既影响了学生的就业质量，对社会的经济发展也产生了一定的负面影响。

高校培养人才是为了经济社会发展的需要，为社会提供各方面人才。高校不仅要培养学生的素质、增加学生的知识，也要培养综合型人才，提高学生的创业实践能力，这是高校提高人才质量和自身发展实力的内在要求，开展创业教育是经济社会发展的必然趋势。创业教育的目标是培养学生创业的基本素质，目前我国很多高校都陆续将创业教育纳入学生的学习范围，创业教育的效果直接取决于创业教育体系是否得到合理构建，构建符合创业教育规律的课堂教学体系对完善创业教育体系和实现创业教育目标具有重要意义。

二、创业教育课堂教学体系的构建原则

建设合理的创业教育课程体系是创业教育的发展重心之一，构建课堂创业实践主要是树立学生的创业意识，培养学生的创业能力，挖掘学生的创业思维，激发学生的创业兴趣。创业教育课堂教学体系可以总结为"四个结合"的构建原则。

（一）创业课程和专业课程相结合的原则

创业教育要与专业教育相结合，体现在课堂教学上就是创业课程与专业课程的结合。专业课程是指根据各学科培育目标和要求开设的专业理论知识和技能的课程；创业课程是指为培养学生创业意识和创业能力而开设的课程，如"创业导论""创业管理""商业计划"等。创业课程和专业课程的结合分为两个层次：第一个层次是两类课程在基础性和普及性上的结合和搭配，使学生既具有专业能力，又具备创业能力。第二个层次是两类课程在课程内容上的深度融合，将学科特点融入创业教育中，基于学科开发出具有专业特色的创业课程，如"旅游创业""科技创业"等，将创业教育立足于专业技能之上，将专业知识渗透到创业教育之中。在第一层次和第二层次的结合上可以将创业基础课程设置为必修课程，将创业专业课程设置为选修课程，因材施教。

（二）理论课程和实践课程相结合的原则

创业教育理论课程是指创业基础知识课程，通常有规范完整的教学大纲和教学计划，是创业教育的基本功；实践课程是指对创业知识和创业技能进行综合运用的课程，紧密地围绕着创业实际。通过系统的理论课程和灵活的实践课程合理配置，使学生深度理解和掌握创业基础知识，通过实践课程来体验、内化为自身能力，形成创业教育的一个完整体系，既传授了创业知识和原理，又培养了创业能力。为使二者相互结合，要有创新的教学方法与之适应，在课堂教学中要以案例研究、创业者现身传教、创业模拟实训、现场体验和测试等为实践课程的依托；以问题为导向，通过教学互动、角色扮演等方式促使学生思考，调动学生的积极性，要特别强调案例研究，以精选的案例增加教学的鲜活性。

（三）第一课堂和第二课堂相结合的原则

创业教育的开放性、参与性特别突出，第一课堂和第二课堂是创业教育并行的两个重要环节，通过第一课堂的学习和训练，通过第二课堂的创业活动，使学生掌握系统的创业知识；学生训练专业的创业技能。如举办"挑战杯""创业大赛""创业俱乐部""创业孵化""创业者巡讲访问"等活动，并整合教学、科研、创业园、校友会等学校和社会资源，为学生提供富有实效、丰富多彩的第二课堂。在高校育人体系中，第一课堂、第二课堂在人才培养上各有分工、各有侧重。高校开展实践育人工作，不应把第一课堂、第二课堂割裂开，应坚持第一课堂、第二课堂相结合的原则。第一课堂是高校人才培养的主阵地，在培养学生方面发挥着重要作用，开展好实践育人工作，离不开第一课堂。第二课堂是课堂教学以外的育人活动，是第一课堂学习的有效延伸、补充和发展，在当前，第二课堂发挥着越来越重要的作用。鉴于实践育人的特点，实践育人应与第二课堂紧密结合。首先，第二课堂拥有的生动性、灵活性等特性拥有与实践育人功能一样的特点。相比第一课堂，第二课堂形式更加生动丰富、学生主观能动性更能得到激发，这些特性与育人功能实现的本质诉求紧密相关，学生主动参与的积极性直接影响和决定实践育人的效果。因此，实践育人离不开生动活泼、丰富多彩的第二课堂教育。其次，部分第二课堂活动具有实践育人功能，是实践育人的一种形式。例如，志愿服务活动是高校思想政治教育工作的重要载体，是第二课堂的主要育人形式之一，同时，也是实践育人的重要载体和形式。其在引导大学生服务社会、奉献他人的同时能实现锻炼自己、增长才干，达到育人效果。第一课堂与第二课堂有机结合，是做好高校实践育人工作的关键。第一课堂能规范实践育人形式，开展教学实践活动，提升学生实践技能。第二课堂能激发学生参与实践活动的兴趣，组织开展形式多样、内容丰富的实践活动，直接为学生提供实践平台。坚持第一课堂与第二课堂相结合，开展实践育人工作，才能提升学生的实践技能与实践热情，并为开展实践活动提供实践平台。

第六节 多媒体技术使用原则

高校教学利用多媒体技术让单一、抽象的音乐变得多维而具体，在技术的支撑下，音乐教学实现了动态化，已经成为音乐教学过程中重要的辅助手段，但是，在实际运用中，一些教师过分依赖多媒体技术，出现误用、滥用的现象。因此，在音乐教学过程中，关于多媒体的使用必须遵循科学使用原则，教师需要经过培训，保证充分掌握多媒体技术的应用方式与方法，从而实现课堂教学的有效性。

一、高校教学中多媒体技术的使用原则

1. 辅助原则

多媒体技术在教学过程中，其目的是辅助教学，完成教学要求，实现教学目标。因此，在课堂教学过程中，需要准确定位教师、学生和多媒体之间的关系，

遵循"教师的主导地位、学生的主体地位和多媒体技术的辅助地位"的原则，课堂教学的实质是师生互动的过程，教学是一种传递情感的艺术，因此教学中要更关注师生之间的情感互动与沟通，教师充满激情的演示和鼓励的眼神是多媒体技术无法复制和替代的。因此，在教学过程中，所有的教学活动都是通过教师积极指导、学生主动探索完成的，而多媒体技术则提高了课堂教学互动性的附加值，实现了教学质量的显著提升。

2. 视听协调一致的原则

教师准备教学课件过程中，其图片、动画的选择要与音乐紧密相关，保证视听协调一致，这样才能够有效激发学生的能动性，让学生能够充分融入课堂教学中，从而实现教学目标，有效激发学生的创造性。每一学科都应该鼓励学生不断提高自己的学科素质和见解，教学也不例外，其教学目的也包括激发和保护学生的独立见解和学科态度。教学是个性化的，学生的感受和个性应该得到保护和鼓励。不同学生之间的学习层次和能力存在一定的差异，因此要保证每一名学生都能够积极融入多媒体教学之中，利用其协调统一的声画结合的课件让学生对课程有更深层次的理解，同时音乐多媒体课件也具有一定的局限性，无法完全表述音乐的所有内容不利于学生在情感上对艺术和音乐进行想象。

3. 适度原则

多媒体技术教学与传统教学技术相比，其优点体现在多种视听手段和方式的应用，让课堂教学更加多元化、多维化、多途径化。然而，多媒体教学作为一种教学手段，在实际应用过程中要把握好适度原则，所谓适度，就是教师在使用多媒体的时候，要根据自身教学的实际需要，选择符合课程本身的教学内容，并确保操作简单。只有这样，教师才能在教学过程中利用各种教学资源，提供符合教学条件的多媒体资料，使学生能够掌握教学重点和难点，甚至学生可以在没有教师指导的情况下自学，有利于提高学生的自主学习能力。

二、多媒体技术在高校教学中的应用

1. 传统教学方法与现代化教学手段整合

现代教学手段的一个重要变革就是多媒体技术在教学中的广泛应用，在使用多媒体教学的过程中，要有与之相适应的现代教学理念，否则会影响教学效果。更不能不考虑学生的学习状况，一味地由老师进行灌输。一味地进行灌输，会使学生产生乏味和疲劳感，进而会使学生失去学习的兴趣，在这种情况下，教师应该树立现代教学观念，将多媒体教学方法与现代教学手段结合，在实际中不断提升教学能力。在高校教学过程中，教师与学生之间的交流非常重要，然而当在教学中引入多媒体后，大大丰富了课堂教学内容，但也存在灌输式教学的风险。一旦教师在教学过程中采用灌输式教学，师生之间的交流势必减少，当教师只顾自己讲课，不顾及学生的反应，课堂教学质量就会随之下降，这样不但没有实现多媒体教学的目的，反而成为教学中的制约因素。因此，教师在教学过程中应该适时地提出一些问题，并让学生去思考并回答问题，另外可以适当增加小组讨论，将学生分成若干小组，共同讨论一个问题，然后选举一个代表向大家演示，这样既可以提高学生的课堂参与度，也可以提高学生学习的积极性，这才是多媒体教学的真正目的。在采用多媒体教学的过程中，应该利用多种教学途径，培养学生的创造性思维，这就需要教师在教学过程中不断启发学生，培养学生的创新能力，使学生不拘泥于书本。如果教师不能观察学生的课堂反应，就不可能对学生的课堂反应作出反馈，并根据反馈调整教学内容，最终会使教学效果大打折扣，使学生丧失了学习的积极性和主动性。简单来说，就是要求教师时刻观察学生的接受状况，根据学生特点选取课堂教学内容，并及时调整，提高课堂教学效率，使大学课程丰富多彩地展现在学生面前。

2. 构造多样化的教学模式

教学模式是指在一定的教学思想指导下，围绕着教学活动中的某一主题，形成相对稳定的系统和教学模型，在现代多媒体教学手段的支持下，教师应该研究如何构建教师、学生、多媒体三位一体的教学模式，并在此基础上构建现代教学模式。教师应该根据教学内容和教学目的的不同，使用不同的教学模式，针对基础知识和理论知识的一致性，教师可以采取合作式教学，其目的是通过对已有知识的激活，促使学生能够识别新旧知识之间的关联，促进学生探究性学习、自主学习和学生彼此之间的有效合作性学习，教师可以利用多媒体技术，针对学生自身的能力水平，通过教师与学生之间的有效沟通与互动，逐渐提高学生的技能，并且有助于不同能力水平的学生之间相互促进。此外，教师可以让学生充分利用多媒体技术，展现自己，让他们能够拥有更多的创新的机会，提高自己的创造力。教学的过程中，教师应该利用多样化的教学模式和教学手段，实现每一个教学环节的目的和要求，为学生提供更多的体验机会。

3.科学选择教学手段

教学手段的选择必须依据科学的教学理念，尽管多媒体技术具备很多优点，但是从教学的整体要求和学生的学习目标角度而言，一种教学手段是无法满足所有学生的学习需求的，也无法有效实现教学要求。教育界的实践表明，所谓最好的教学手段必须是针对具体的教学内容和目标而言的，尽管在多媒体盛行的时代，大力提倡课堂多媒体、数字化等理念的引进，但是并不意味着对其他教学手段和方法的否认，而是要针对具体的学习情境和需求，以及学生自身的特点，教师选择合适的教学手段，或者是多元化的教学手段，共同实现教学目标，达到预期的教学效果。

在多媒体课堂教学过程中，学生是主体，教师要将学生的差异化特点充分考虑到课堂教学活动的安排和设计之中，尤其是学生的接受能力，教师应该充分了解，从而实现传统教学手段与多媒体教学方式的结合。例如，对于音乐作品的赏析，教师可以将作品用多媒体技术进行剖析，但是其中涉及的一些类似作品，教师可以通过激发学生的发散思维，进行头脑风暴，利用板书写出一系列相关的作品，从而进行教学内容的补充，满足教学需求。不同的教学内容对教学设计提出的要求也是不一样的，例如一些具有操作性和实践性较强的教学内容，应该选择图片或视频进行补充教学，所以多媒体技术和网络多媒体能够充分发挥其功效。此外，一些文字内容丰富的课堂教学或逻辑思想较强的教学内容也无法使用多媒体技术，因此，不同的教学内容要选择不同的教学手段来实现教学目标，完成教学任务。

4. 精心设计教学过程，提高多媒体课件质量

教学过程的有效设计是达到良好教学效果的最佳方法。教师在设计教学过程中，必须首先定位学生与教师的角色，基于对学生学习特征的合理分析与教学内容的充分研究，结合不同的音乐专业教学知识，设定个性化的课堂教学目标，提供多样化、合理的课堂教学情境，选择与之相符合的教学策略，进而设计合理的教学活动，安排教学内容，并且运用恰当的教学手段实现教学效果，与此同时，教师在设计教学的过程中要充分关注学生的学习动机与兴趣，能够有效调动学生的视听系统，让学生真正进入音乐体验的氛围，接受音乐作品的感染力与表达力；让学生的学习过程更便捷、更高效。

教师在进行教学课件的制作过程中，分为三个阶段：第一，制作前的思考阶段。该阶段的教师必须将教学目标研究透彻，从而为教学内容的选择提供必要的支持。第二，制作过程中的选择包括教学内容的选择，教学材料的选择，教学重难点的选择。第三，制作后的试运行阶段，教师制作课件后必须进行演示，才能够把握课堂教学节奏，判断教学内容是否满足需求，是否符合学生的认知规律。只有这样，教学课件的设计才能够具有创造性，并能够实现教学要求，多媒体课件的制作还要充分考虑界面的友好性即应该处理好画面与教学内容中的重难点之间的关联问题，需要遵循美观、得体、色彩丰富等原则。

5. 全面推进音乐现代化教育进程，创建现代化教育环境

高校音乐教育已经进入了现代化的教育进程，为了使其进一步符合时代的教育需求，符合当代的教育理念，其教育发展必须遵循合理性、先进性、科学性三大原则，在这个加速发展的进程中，多媒体技术的理论与实践是其核心的理念。因此，大力发展学校的教学软件与硬件建设是迫在眉睫的，多媒体是教学采用的有效工具，能够促进教师教学水平的提高和学生学习能力的提高。但是，教学不应该被多媒体技术左右，应该更加自主化、灵活化，才能够符合时代发展的需求。

第三章 "互联网+"背景下高校教育的变革研究

第一节 互联网教育产生动因分析

一、信息化的普及与教育信息化的发展

信息化已经成为当今世界经济和社会发展的大趋势,随着我国现阶段高科技的发展速度不断加快,信息技术的发展也对我国的经济生活、政治生活以及文化生活都产生了一定的影响,因此,现阶段要不断普及信息化教育,以此推动社会的发展。同时,不断提高信息化技术是与国际接轨的必要条件。2015年,全国高职高专校长联席会议提出高职高专发展的三个新的起点。首先,要重视中高职学校的信息化发展,将其作为重要的切入点,建立一套现代化的职业教学体系。其次,要加强建设国家示范性高职院校的计划,并付诸实践,从而不断提高院校专业能力发展等推动高职院校发展自身的特色。最后,要完善产教融合、校企合作机制,推进高职院校的信息化建设发展。推进职业教育适应经济转型升级和学生成长成才需要,强调了信息化技术在高职院校教育发展中的重要作用,指出互联网+跨界融合的特质必将催生一批新产业、新业态、新商

业模式，产生一系列新的用人需求，主动适应"互联网+"条件下的用人需求，今天，信息技术的发展不断加快，已经慢慢地对各个专业都产生了一定的影响。而现阶段职业教育的目标中也加入了重要的一条，即为社会培养符合"互联网+"产业发展所需的优秀技术人才。普及信息化教育是培养创新型人才的需要。21世纪是信息技术飞速发展的时代，各种创新成果层出不穷，教学目标已不再是纯粹地向学生灌输已有的理论知识，应该更加注重培养学生不断探索与掌握新知识的能力，进而增强学生的创新的能力。创新是一个民族进步的灵魂，是一个国家兴旺发达的不竭动力。一个民族，如果缺乏创新能力是难以在世界民族之林立足的。只有创新才有出路，面临当今世界科学与信息技术的飞速发展，为了更好地在竞争激烈的世界潮流中继续生存与发展下去，必须认识到增强民族创新能力的重要性。教育在培养创造精神与创新型人才方面肩负着重要使命，在教育中融入信息技术因素，能够有效激发学生的学习兴趣，诱导学生进行积极思考，同时也为学生提供了更为广阔的发展空间和实践空间，对培养学生的创新意识和创新能力，提高学习效率具有极其重要的作用。

此外，教育的最终目的是培养社会所需要的人才，所以，教育的发展也要随着社会的发展不断进行变革。在这个信息化时代，教育应该改变传统的教学观、师生观以及学习观。对学生而言，学习不应该只是片面地、被动地接受知识与信息的过程，而是要主动去构建知识。要以自己的知识背景为依据，在接收外来信息时，不再一味地、不分主次地全盘接受，而应该主动地进行选择、加工及处理，成为学习的主体，在教学活动中成为积极的参与者、知识的主动构建者，传统的教学主要是向学生传授知识，现阶段，教学也变成了对知识的一种处理以及转换的过程。教师，在教学中不再占据主导地位，而只是学生学习的引导者和组织者，也不仅仅传递知识，在人格、情感与智力等其他方面也应该进行全面的培养与塑造，最终实现育人的目的。只有全面普及信息技术教育，教育才能在信息化社会中朝着纵深方向发展。

发展至今，教育信息化已经由多个单系统转变成了一个共享的、整合的、统一的系统；经历了一个由原来的面向系统、面向技术的建设向现在面向用户、面向应用转变的建设过程。

互联网已经成为当今世界教育与学习的主流方式，它的出现使人们对教育的认识发生了质的变化，它对教育产生的影响可以说是史无前例的。随着我国教育信息化的不断发展，教育部 2012 年 3 月发布了《教育信息化十年发展规划（2011—2020 年）》，围绕"优秀教育资源建设与共享、教师与学生的信息化应用及学校管理水平提升"三个方面进行工作的部署，其中就特别提到了要建立教育信息化产业发展机制。

为了推动"优质资源班班通"工程的发展，教育部要求学校要开好、开足国家规定的课程，尤其是要建设好"三个课堂"（国家课堂、校本课堂和隐性课堂），同时，为了扩大教学点的数字资源的覆盖率，还需要为这些教学点提供更好的资源和设备，并可以从逐步设置同步课堂开始。总的来说，信息技术的发展与教育信息化的发展成了网络教育最大的推动力之一。

二、教育的信息交换与处理

教育的本质是为社会培养人才，同时完善人的人格、健全人的人格，并让人们能够有一个更好的人生，从教育的角度来看，教育过程是教师根据教育目的、任务和学生身心发展的特点，通过指导学生有目的、有计划地掌握系统的文化科学知识和基本技能，发展学生智力和体力，形成科学世界观及培养道德品质、发展个性的过程。如果不以这种方式来看待教育，那么教育的过程在一定程度上也可以视为一种信息交换以及处理的过程，这与互联网的相关功能具有一致性。

总的来说，无论发挥互联网处理和交换信息的哪一种功能，都能对教育的发展产生很大的影响和作用。从互联网能够让很多人有倾听回应以及发言的功能来看，这一功能意味着人们也可以通过一对一的网络视频课程来满足自己的要求，从而有利于帮助学校的教师改革自己的教学方法和模式，更多地发挥网络信息处理的作用，让学生进行自主的探究式的学习，从而让学生养成自主学习的习惯，并为广大学生营造一个交流讨论式、探究式的良好学习环境。当然，从互联网的其他功能特点来看，其信息交换和处理的高效率也意味着给教学带来了更多的便利，节约了教师们的备课时间，也能让学生在课外通过自学学习到更多的知识。

第二节 "互联网+"背景下高校教育发展的新形势

一、传统教育与互联网的融合

传统教育有很多不足之处，在"互联网+"时代下，我们要做到不断促进传统教育与"互联网+"之间的相互融合，这一相互融合并不是互相取代的意思，即使在教育中加入了互联网的因素，也不可能改变教育的本质，也不可能完全取代传统教育对人们的特殊意义。就互联网和教育的关系来讲，互联网是能对教育的发展起到辅助作用的一种工具，二者之间是相辅相成的。因为，教育的发展也可以使得学习互联网技术的人数量增多，推动互联网的不断普及。从真正的融合来看，不是谁取代谁，而是互联网作为一种技术进入教育行业，让教育行业在各个方面有较大的发展。现在的时代是网络的时代，很多事物的发展都打上了"互联网+"的烙印。互联网对人们的生活方式、生存方式以及工作方式都产生了很大的影响，它时时刻刻方便着我们的生活，让世界变小，同时也使得人们之间的联系更加便捷。但是，我们也应该看到，互联网技术的发展让人们的人际关系变得更加冷漠，很多人宁愿在网上聊天也不愿意在现实生活中约出来一起面对面地聊天。现当代教育也非常重视师生之间的关系的构建。

就教育的"互联网+"的现象来看，我们也应该加大对教育对象的关注度。现阶段的互联网用户大多是年轻人，更偏重1980年以后出生的人们，"80后"是社会的主力军，也是互联网的主要用户之一。同时，"90后"和"00后"，一个成长和发展于互联网事业发展的黄金时期，一个是在互联网世界中出生，很早就接触了网络。相对于老一辈人来说，他们更容易接受网络这种新事物。而老一辈的人们更加喜欢通过读书和看报等方式来接触外界信息。但是新一代的人们接触的是网络世界，喜欢QQ空间，喜欢微博、贴吧以及各种论坛，他们更加习惯于通过互联网来获取自己所需要的信息。事实上，通过互联网，我们查阅和收集信息的速度更快，效率也更高，因此在网络时代，年轻人也更容易接受"互联网+"的教学模式。且现在大多数的学校都是采用多媒体教学，这样不仅教师备课非常方便，学生学习也更加便捷，有不懂的知识点，学生在课后还可以备份教师的PPT（Power Point）进行课后的自主学习，或者在家里通过一些自学App搜寻不懂的题目，这样一来，就可以很好地发挥网络的作用。

因此，从各个角度来看，我们国家都应该十分重视互联网对教育的影响，对学生的发展和成长的重要作用，一切忽视以及轻视互联网对教育行业作用的行为都是不正确的，也是不科学的。随着时代的发展，就需要教育也不断跟上步伐。一个国家的发展，最重要的还是看这个国家的国民素质，而国民素质归根结底还是由教育决定的。教育的好坏决定了一个国家在世界之林能否站稳脚跟，决定了这个国家的未来发展，因此，是否重视互联网对教育的作用是衡量国家的未来发展的重要标准之一。

"互联网+"与传统教育之间，二者的关系是复杂的，既不是一种简单的重叠的形式，也不是一对一的替代的关系，二者之间是相对的，不是绝对对立的关系。互联网技术的发展代表了人类认识世界、改造世界的能力在不断地提高，我们也深刻地体会到了互联网发展给我们日常生活带来的便利。从一些相关的新闻可以看到，一些落后地区在引进了互联网技术之后，极大地发展了该地区的经济，同时也促进了该地区教育事业的发展，学校教学也在互联网的影响下进行改革和调整，不断完善教学方式，改革教学模式，提高教学效率，并进一步地提高了学校的教学质量。这些相关的新闻也表明，互联网与教学的融合进程，正在对传统教育产生一定的冲击，同时也促进了新的教育教学方式的产生。

而教育层面的"互联网+"也更应该关注和看到那些教育不发达的地区，那些地区的学校对互联网的了解还比较少。近年来，政府非常关注教育薄弱地区的教育工作，将不断地促进这些地区的教育实现更好的发展。应该发挥互联网的作用，为这些地区的教育发展发挥作用，让这些地区的学校也能提高自己的教育教学水平。

要真正地推进教育"互联网+"的进程，国家需要做的事情还有很多。首先，在政策方面，国家应该给予政策上的倾斜。其次，教育行政部门等应该重视互联网与教育行业的密切关系，要不断地支持学校与互联网融合下的教育教学改革创新。再次，学校的决策层也应该支持学校老师在互联网的基础上进行教育教学创新。最后，从媒体的角度来看，媒体应该多传播正能量的信息，给予互联网和教育行业融合一些关注、支持和鼓励。

二、多样化的教学模式

从一般意义上来看，传统的教学方式主要是指学生在教室里听老师讲课，并获取知识，也可以在课堂中与老师进行一定的交流与互动。随着现阶段互联网技术的快速发展，这种传统的教学模式将不断地改革，以互联网技术为基础的新的教育教学模式将产生并进一步得到发展。未来的学生只有占很少比例的还会延续传统的学习方式，而更多的学生也并不是严格意义上的学生，他们可能只是对某个学习领域比较感兴趣，或者需要学习某项技能，而不得不进行课程学习。

教学模式是教学的重要组成部分，在对学生进行教学的过程中发挥着重要的作用。而对教学模式进行改革也就意味着整个教学将会发生很大的改变，互联网的优势在教学中的优势是显而易见的，如何更好地发挥互联网的作用，让其超越传统的教育教学方法和模式，还需要互联网对教育进行重新解释和重构，进而建立一整套新的教育教学模式，可能这种教学模式与传统的模式会有很多的不同，但不变的是，这种新的教学模式能发挥更大的作用，能提高学生的学习积极性，能够更好地满足学生各方面的需求，为学生提供更好的教学体验。这同样也是"互联网+"下的教育教学模式发展的目标所在。其中比较常见的教学模式包括：多媒体课堂教学模式、基于计算机网络的讲授型模式、基于计算机网络的个别化教学模式、4A（Anytime，Anywhere，Anybody，Anyway）学习模式以及讨论学习模式等。

教学模式是教学复杂过程的抽象，是在一定的教育思想指导下，在某种教学环境和资源的支持下，对教学诸要素所设计的较为稳定的教学组合方式及活动顺序。"互联网+"下的多样化的教学模式主要有以下几个方面的表现。

1. 多媒体课堂教学模式

现在的多媒体课堂教学模式主要指的是在传统课堂教学的基础之上，加入互联网技术，主要是通过计算机、投影仪的方式，进行课堂教学。教师事先备好课，并将课程的内容做好PPT，通过计算机和投影仪在课堂教学中体现出来，使学生产生良好的教学体验。教师在进行课件制作的时候，可以参考网上的相关资料，同时根据教学目标加入自己的相关备课知识，并制定教学策略，对教学的整个流程进行设计，在教学过程中，通过精美的PPT展示再结合教师声情并茂的授课，让学生获得更多的知识。同时通过投影仪，学生能够对知识点进行清楚的界定和认识，再者一个小节的课堂内容已经融合在教学课件当中，学生可以在课后对课件进行复制，在课后也可以进行自主学习。通过多媒体教学也可以避免让教师书写太多的板书，所有的知识点已经在课件之中，可以提高课堂的效率。

2. 以计算机为基础的讲授模式

这种教学模式，是在互联网时代下发展的一种新的教育教学模式，因为互联网在处理和交换信息上可以实现不受时间和空间的限制，因此，这种模式就是发挥互联网在这方面的功能。在教学开始之前，教师可以将自己要讲授的内容事先准备好，然后将其存储进计算机中，在讲授的时候，教师既可以通过计算机传递出丰富的教学信息，也可以在讲述的时候，将所有的知识点讲得很全面。这种方式可以同时满足学生的视觉感受和听觉感受，让学生对学习的相关知识点了解得更加透彻。而另一种方式则是现在我们所说的视频教学形式，教师可能并不出现在课堂之上，而是通过在课堂上播放教师准备的教学视频，让学生自主学习。当遇到一些不懂的知识点的时候，学生可以给教师发邮件，而教师也可以通过邮件对问题进行解答，这种方式不会受到时间和空间的限制，有利于促进学生进行自主学习，不断锻炼自己的自主学习能力。且学生可以按照自己学习时间的安排以及学习的兴趣点来学习，也不会受到章节的限制，同时学生可以控制自己的学习进度。

3. 讨论性的学习模式

通过计算机网络也可以开展讨论形式的学习模式，这种模式主要通过一种电子布告牌系统来实现，该系统具备了用户管理、文章讨论、用户留言、实时讨论以及电子信件等功能。学生能够在该系统里找到自己所需要的板块，并在其中与其他一些有类似问题的学生或者教师进行讨论。学生可以针对自己遇到的问题，在相关的板块中发帖，并与其他人交流和学习。现在，随着互联网技术的发展，能让学生进行交流学习的媒介越来越多，除了学习论坛，还包括贴吧、手机App（Application）等，时代在不断地进步和发展，也将给我们带来更多的惊喜。

4. 以计算机为基础的个性化教学模式

自古以来，我们就一直强调教学中教师要做到因材施教，但是因为诸多条件的限制，传统的教学模式还存在很多的不足，难以满足学生个性化的需求。现阶段，随着互联网技术的发展，这一教学目标能得到更好的实现。以计算机为基础的个性化的教学模式中，学生的学习不会受到时间和空间的限制，可以在家中、在图书馆、在教室或者其他的任何地方，利用自己已经掌握的各种学习资料，包括纸质的资料，也包括一些视频资料和其他资料进行学习。在这一学习过程中，教师并不需要直接地向学生传递知识，只是通过间接的方式，如一些多媒体课件的制作以及教材的编制等给学生提供更多更优质的学习资源。这种学习模式，学生可以根据自己的学习兴趣，在自己喜欢的场所学习，能加强学生的学习主动性并让学生养成一定的学习自觉性。

5. 计算机支持合作学习模式

这种模式是指有共同学习目的的学习者，通过计算机网络技术对相同的学习主题进行相互的合作，可以针对课堂教学内容上一些难以理解的地方，进行相互讨论和学习，也可以共同合作完成一个以小组为单位的课程作业。在这种教学模式中，教师起到的作用主要是根据教学目标，安排教学方案，并进行网上教学。后期进行作业的批改以及评估学生的成绩和表现，而学生可以自主选择自己学习还是进行小组合作的方式来学习，教师要充分尊重学生的想法和意见。在合作的学习模式中，主要讲的是学生们团体间的合作学习。在学习过程中，学生也可以成为同学的小老师，在帮助同学的过程中能体现自己的价值，这样可以提高学生学习的积极性，让自己能更深入地进行学习。

总的来说，在实际教学的过程中，教师采取的计算机技术与教学结合在一起的教学模式是多种多样的，根据学生的需求，可以对多种教学模式进行整合，在一节课中一起使用，真正发挥互联网在教育教学中的作用。

三、以学习者为中心的教育

"以学习者为中心"与"以教师为中心"相互对应，是指在教学过程中贯彻"以人为本"的教育理念，根据学习者的知识储备、心智特点等进行有针对性的教学。在传统的"以教师为中心"的授课形式中，教师是教学的核心，学生被当作知识灌输的对象，授课内容、授课方式等完全由教师决定，不论学生的实际情况如何，教师总是以同一种模式，把认为必要的知识传授给千差万别、各具特点的学生。在这种教学模式中，学生的主观能动性被忽视，学生必须被动地适应教师，因而学习兴趣低下，学习效果不佳，也会逐渐失去学习兴趣。因而，总体来说，传统的教学模式忽视了学生的个性，严重影响了教学效果。

"以学习者为中心"的教学模式是对人本主义的理性回归，是在对传统教学模式进行深刻反思的基础上发展而来的。学习者在学习中是单个个体而不是群体，教师从事的不应是大众教育而是个体教育，而作为个体，每个学习者都有差异化的价值观，以个人惯有的速度成长，他们有自己偏好的学习风格、学习模式以及学习速度，各自不同的理想和目标也决定了他们的不同动机。正如维尔格说的"每个人生来就是一个独特的个体，发展也有个人的特点，他生活在人类关系中，但他的内在需求和思想世界是完全个人的。他有自己特殊的经历和期望，他的发展也有其不规则的模式和速度。"充分尊重学生的个性，根据学生的特点因材施教，这恰恰是"以学习者为中心"教学理念的核心。

互联网教育在一定程度上改变了传统教学模式中"以教师为中心"的形式，并向以学生为中心的方向发展，一切从学习者的实际出发，教师与学生、学习资料等之间的关系也都是以学习者为中心的互动关系。教师能够为学生提供全面的服务，因为教师的目的就是为了提供更好的教学服务，让学生学习到更多的知识。教师对学生进行教学的时候，不应该一味地进行知识的简单灌输，而应该根据学生的需求，以及院校对学生的发展需求，再结合课程目标，进行科学的教学设计。同时，教师在教学过程中也要注意发挥学生的自主学习意识，不应该让学生养成单向地接受知识的不良习惯，应该让学生多思考、多创新，并正确地认识自己。教师还应该转变自己的角色，应该更多地发挥其作为学生的服务者和引导者的作用。再者，随着学生个性化学习的需求不断增强，通过互联网，学生可以接触到很多自己想要学习的知识，但是教师也应该看到互联网上有一些不利于青少年发展的信息。因此，教师应该全面地监督学生的自学行为，提供给学生更安全的信息来源渠道，并全面了解学生的学习特点，进行有针对性的教学，并激励学生进行自主学习，同时通过多种途径提高学生学习的效率，只有这样，才能真正地实现因材施教。

四、教育娱乐化

兴趣是学生学习的自觉性和积极性的最直接因素，也是学生学习最强大的动力。在传统的教学模式下，往往是教师满堂灌，教师讲得头头是道，学生却听得索然无味、昏昏欲睡。互联网教育会让学生的学习更加方便，同时更加快乐，只有心情快乐，才能进行快乐的学习。而要让学生的学习过程更加快乐，首先可以将枯燥的知识点趣味化，可以通过小视频或者精美的图片提高学生的学习兴趣，同时，现阶段很多人在研究游戏学习方法，即让学生在游戏的过程中也学习到知识，这样一来，学生就能更自觉地学习。互联网的相关技术给学生提供了更多将知识趣味化的途径。有关趣味化学习的例子有很多，它们以学生兴趣为目的，将索然无味的内容趣味化，同时在教学过程中能够很好地启发和引导学生进行自主的、创造性的学习，不断探索和形成新的知识和技能。

1. 中大网校课程

中大网校隶属于中大英才背景网络教育科技有限公司，公司成立以来就借助互联网商务发展的优势，运用领先的模式和先进的管理经验以及强大的资源优势，打造我国最大的职业教育增值信息平台，中大网校推出的一系列网络课程，采用先进的流媒体形式和高效的视频制作技术，让学生有亲临其境的感觉，可以实现同步在线听课、做题和练习。中大网校职业课程的趣味性就表现在对职业培养的针对性，如会计师培养、测量师培养、商务英语人才培养等，都由专业的实践教师或高职专业的在校教师讲解，可以将复杂的课程内容整合成学生便于理解的教学步骤，使学生有了往下学习的兴趣和动力。以专业性和生活发展相互连接的方式激发职业型学生的学习动力。学习本身应是快乐的过程，趣味化教学是一种创新的教学方式，在创新的教学模式下也会提升学生对知识的求知欲，激发学生的创新思维，培养学生的创新意识。

2."五分钟课程网"微课平台

互联网教育研究院开发的"五分钟课程网"微课平台，采用简洁的界面、幽默诙谐的语言、形象有趣的动画，将难以理解的知识变得生动形象，使学习者通过动画能快速学习在线知识。里面的微课课程都是介绍一些较为技术性和实用性的知识，如五分钟教你商务贸易在线操作、五分钟教你学会五线谱等微课课程。可以充分地满足学生的碎片化学习要求。这些微课具有以下特点：简单明了的界面让学习者舒适观看学习内容，幽默诙谐的言语增强学生记忆曲线，利用当前社会、较为流行的口语阐述知识点，不仅能加深学生对知识点的理解，学生还能通过流行口语学习知识，增强对知识点的记忆。

3.EduSoho 网络课堂

这是一款基于PHP(Hypertext Preprocessor)技术的企业在线教育网站系统。可以帮助用户轻松地在互联网上开展教学和学习活动，提供在线教学、云视频点播、直播、移动 App 等多种功能。可以充分满足职业院校学生的职业技能学习，充分与企业的发展和人才需求相互对接。支持视频、图文、音频、PPT 四种课时类型，是慕课平台的代表。学生可以根据自己的需求选择不同类型的课程，提升课程学习的参与性，体现在线学习的趣味性。此外，该平台还可以进行可视化课时顺序调整，可以快速准确地调整课时结构，让学生能够根据自己学习的进度调整课时安排。学习完成后还有笔记、问答、资料、检测四种工具供学生使用，学生在课程学习、课后做题的一系列操作中，完成自己的学习任务，激发学生学习的兴趣和热情，尤其对于实用性技能需求较强的职业院校学生而言，此网络课堂可以根据学生的需求，提供在线的企业工作技术指导课程。

五、免费教育平台的搭建

要实现社会公平，最基本的就是要实现教育的公平。互联网教育不受时间和空间的限制，覆盖面比较大，涉及的方面也比较多，从不同学校到不同地区再到不同的国家，互联网都在发挥重要的作用。网络视频学习将很多信息传播到了网上，让更多的学生有机会学习。课程学习也让学生能够有机会通过教学资源的反复巩固不断地提高学习效果。互联网的发展促进了全球范围内优质资源的平等共享，为广大学生打造了一个优质平台。能够让学生在良好的学习氛围内进行学习，同时加强自学的意识和能力，促使学生在与他人的互动中学习到更多的知识，实现自己的价值。

如今，只要接入互联网，无论是身处著名学校，还是在偏远的地方，都能依靠互联网学习，传道授业打破了空间限制，教育公平在这里逐步变成现实。2000年前，孔子杏坛讲学，口口相传，完全依赖于老师。900年前，活字印刷术迅速发展，文字典籍大量复制，师生得以初步分离。到今天互联网技术的发展，已经打破了时间和地点的限制，教师和学生不必局限在特定的时间和地域进行教授和学习，就算是偏远的地区，只要有网络也可以共享学习资源。

六、教育的大数据应用

现阶段，互联网的应用不断普及，很多通过互联网进行的教学都可以通过网络的教学系统得以记录下来，相关学者能够有机会对教育相关数据进行一定的分析，从而了解现阶段教学过程中教师和学生遇到的问题。并有机会通过相关的措施改革教师的教学方式，从而提高教学质量，给学生以更好的教学体验。具体来说，首先可以根据教师设置的相关数据来分析每一个学生的学习情况，学习过程中遇到的问题以及学习的结果。这样一来就有利于教师更多地了解学生，从而真正地做到因材施教，为学生制订个性化的学习计划。其次，通过数据分析，能够在教学过程中更好地监督和管理学生，当一些学生的数据中表现出学习上缺乏一定主观能动性的时候，教师就可以采取相应的措施，在课堂上多注意该生的情况，并激励他主动地学习，提高其课堂参与度。再次，通过对学生的学习过程以及学习行为和学习结果进行数据分析，这样一来可以准确地看出教师的课堂教学设计中存在的一些问题，发现问题之后，就可以改正问题，从而不断完善教学设计。最后，在未来大数据技术还将有新的发展，在数据库以及人工智能等技术上会得到新的提升，教育大数据能够更多地促进课堂教学的发展，为其创造更多的价值。

七、互联网教育实现社会认证

现阶段，很多人学习和参加培训的重要目的就是要得到一个学历证书，从而在找工作方面有一定的优势。在互联网教学模式之下，人们也希望能在网上获得相关的证书，这样一来其学习的过程也就具有了意义。

第四章 "互联网+"背景下高校教育的机遇与挑战

第一节 "互联网+教育"的本质解析

学校、教师、教室，这是传统教育的因素。互联网、移动终端、学生、学校、教师任你挑由你选，这是"互联网+教育"。在教育领域，面向中小学、大学、职业教育、IT（Information Technology）培训等多层次人群开放课程，人们可以足不出户在家上课。"互联网+教育"的发展，将会使未来的一切教学活动都围绕互联网进行，教师在互联网上教，学生在互联网上学，信息在互联网上流动，知识在互联网上成形，线下的活动成为线上活动的补充与拓展。

"互联网+教育"不只是影响创业者，还能提供就业平台。教育不只是商业，例如，极客学院上线一年多，就用近千门职业技术课程和4000多课时帮助了80多万IT从业者提高职业技能。

"互联网+"不仅不会取代传统教育，还会让传统教育焕发出新的活力：第一代教育以书本为核心，第二代教育以教材为核心，第三代教育以辅导和案例方式出现。如今的第四代教育，才是真正的以学生为核心。中国教育正在迈向4.0时代。

其实，在"互联网+"提出之前，互联网教育已经有了多年的发展历史，这表明即使政府不制订"互联网+"计划，"互联网+教育"的模式探索与尝试也已经开展，大数据、云计算、互联网等逐渐与教育结合，教育的形态被"智能"的力量重塑。

如今，虽然互联网成为教育变革的一大契机，但是它只是对传统教育的升级，其目的不是颠覆教育，更不是颠覆当前学校的体制。基于此，我们认为，"互联网+教育"的核心和本质就是基于信息技术实现教育内容的持续更新、教育模式的不断优化、学习方式的连续转变以及教育评价的日益多元化。

一、"互联网+课程"：教育内容的持续更新

"互联网+课程"不仅产生了网络课程，更重要的是它让整个学校课程，从组织结构到基本内容都发生了巨大变化。正是因为具有海量资源的互联网存在，才使得高等院校各学科课程内容能够全面拓展与更新，使得适合大学生的诸多前沿知识及时地进入课堂，成为学生的精神套餐，使得课程内容艺术化、生活化变成现实。除了对必修课程内容的创新，在互联网的支持下，各类选修课程的开发与应用也变得"天宽地广"，越来越多的学校能够开设上百门的特色选修课程，诸多从前想都不敢想的课程如今都成了现实。

二、"互联网+教学"：教学模式的不断优化

"互联网+教学"形成了"网络教学平台""网络教学系统""网络教学

资源""网络教学软件""网络教学视频"等诸多全新的概念，由此不但帮助教师树立了先进的教学理念，改变了课堂教学手段，大大提升了教学素养，而且更令人兴奋的是传统的教学组织形式也发生了革命性的变化。正是因为互联网技术的发展，以"先学后教"为特征的翻转课堂才真正得以实现。同时，教学中的师生互动不再流于形式。通过互联网，完全突破了课堂的时空限制，学生几乎可以随时、随地、随心地与同伴沟通，与教师交流。在互联网的天地中，教师的辅助作用得到了提高，教师可以通过移动终端，即时地给予学生点拨指导，同时，教师不再"居高临下"地灌输知识，更多的是提供资源的链接，激发学生学习的兴趣，进行思维的引领。由于随时可以通过互联网将教学的"触角"伸向任何一个领域的任何角落，甚至可以与远在千里之外的各行各业的名家能手进行即时视频聊天，因此，教师的课堂教学变得更为自如，手段更为丰富。当学生在课堂上能够获得他们想要的知识，能够见到自己仰慕的人物，能够通过形象的画面和声音解开心中的各种疑惑，可以想象他们对于这一学科的喜爱将是无以复加的。

三、"互联网+学习"：学习方式的转变

"互联网+学习"创造了如今十分红火的移动学习，但它绝对不仅仅是作为简单的随时随地可学习的一种方式而存在的概念，它代表的是学生学习观念与行为方式的转变。通过互联网，学生学习的主观能动性得以强化，他们在互联网世界中寻找到学习的需求与价值，寻找到不需要死记硬背的高效学习方式，

寻找到可以解开诸多学习疑惑的答案。研究性学习倡导了多年，一直没能在高校真正得以应用和推广，重要的原因就在于它受制于研究的指导者，研究的场地、资源、财力、物力等，但随着互联网技术的日益发展，这些问题基本上都能迎刃而解。在网络的天地里，对于研究对象，学生可以轻松地进行全面的、多角度的观察，可以对相识的人或陌生人做大规模的调研，甚至可以进行虚拟的科学实验。只有当互联网技术成为学生手中的"利器"，学生才能真正确立主体地位，摆脱学习的被动状态，自主学习才能从口号变为实际行动，大多数学生才有能力在互联网世界中探索知识，发现问题，寻找解决的途径。"互联网+学习"对教师的影响同样是巨大的。教师远程培训的兴起完全基于互联网技术的发展，而教师终身学习的理念也在互联网世界里变得现实，对于多数使用互联网的教师来说，他们十分清楚自己曾经拥有的知识是以这样的速度在老化，也真正懂得"弟子不必不如师，师不必贤于弟子"的道理。互联网不但改变着教师的教学态度和技能，也改变了教师的学习态度和方法。他不再以教师的权威俯视学生，而是真正蹲下身子与学生对话，成为学生的合作伙伴与他们一起进行探究式学习。

四、"互联网+评价"：教育评价的日益多元

"互联网+评价"还有另外一个名字，即网评。在教育领域，网评已经成为现代教育教学管理工作的重要手段。学生通过网络平台，可以给教师的教育教学打分，教师通过网络途径可以给教育行政部门及领导打分，而行政机构通

过网络大数据也可以对不同的学校、教师的教育教学活动及时进行相应的评价与监控，以确保每个学校、教师都能获得良性发展。换句话说，在"互联网+"时代，教育领域里的每个人都是评价的主体，也是被评价的对象，而社会各阶层也将更容易通过网络对教育进行评价。此外，"互联网+评价"改变的不仅仅是教育评价的方式，还有评价的内容和标准。例如，在传统教育教学体制下，教师的教育教学水平基本由学生的成绩来体现，而在"互联网+"时代，教师的信息组织与整合、教师教育教学研究成果的转化、教师积累的经验通过互联网获得共享的程度等，都将成为教师考评的重要指标。

总之，随着"互联网+"时代的正式到来，教育工作者只有顺应这一时代变革，持续不断地进行革命性的创造变化，才能走向新的境界和高度。

第二节 "互联网+"背景下高校教育新机遇

随着工业社会向信息社会的过渡转型，国际化和信息化已经成为高等教育发展的必然趋势。特别是"互联网+"时代的到来，以及最近几年大规模公开在线课程的广泛兴起，正在引发世界范围内高等教育格局的竞争与变革。在这种背景下，中国高等教育的发展方式正在全面转型，而这种转型也给中国大学教育带来了更多的机遇。

一、"互联网+"让大学教育从封闭走向开放

"互联网+"打破了权威对知识的垄断，让教育从封闭走向开放，使得优

质的教育资源不再局限于少数的名校中，人们不分国界、不分老幼都可以通过网络接触到最优质的教育资源。在全球开放的时代下，正在加速形成一个基于全球性的知识库，通过互联网，人们可以随时随地地从这个知识库中获取各国、各地区优质的学习资源。

在我国，大学教育的质量具有较大的差距。进入大学之前，虽然城市与乡村不可避免地会存在师资力量的差距，但是由于总体上大家接受的都是标准化教育，差距并不是非常明显。但是大学教育不同，同一个专业在不同的学校所开设的课程是不一样的，培养方法也是不一样的，再加上学校开设课程时间的长短以及教师对于课程方面研究的程度、课程解读的不同，都会造成不同的效果。1959年，《关于在高等学校中指定一批重点高校的决定》中，决定设置全国重点高等学校，保证一部分学校能够培养较高质量的科学技术干部和理论工作干部，提高我国高等学校的教育质量和科学水平。1960年，在中共中央分布的《关于增加全国重点高等学校的决定》中，在原有的基础上增加了44所大学，一共64所院校。1978年，《关于恢复和办好全国重点高等学校的报告》中，恢复20世纪70年代前60所全国重点高等学校，并增加了28所高校为重点大学，至此，我国基本上确定了重点高校的格局。我国高校数目从1985年的1016所上升到2015年的2845所，国家重点高校985、211类共112所。根据国家建设重点院校的政策可知，为了支持学校的建设，国家的财政性教育经费很大一部分给了985、211工程的学校，而剩余的经费才能分入其他院校。

2000—2012年国家财政性教育支出、预算内教育支出虽然在稳步上升，但是与发达国家相比还有一定的差距，此外，就"财政性支出占GDP的比重"来说，我国的支出比重一直都在20%左右。也就是说，随着高校数量的增加，最优质的教育资源都集中在985、211等重点高校中，那些普通院校能够得到的国家支持相对来说会越来越少，教育质量也会随之下降。但是通过互联网，高校学生能够通过网络接触到985、211等重点高校的教育资源；通过互联网，可以跨地域、跨时间段针对一个知识点进行反复的学习，加深对知识的理解，不至于在短短的45分钟或是一个小时的课堂上强行接收所有的知识点，且担心知识点的遗漏，由此知识获取的效率大幅提高，也为终身学习的学习型社会建设奠定了坚实的基础。

二、"互联网+"降低了学生接受大学教育的成本

美国皮尤研究中心2013年3月份的一项研究发现：60%的美国成年人认为，大学对于国家的发展具有积极的作用；84%的大学毕业生认为，对他们而言，接受高等教育的费用支出是一项很好的教育投资。但是，该中心2011年的另一项调查发现：62%的受访成年人认为，对大多数美国人来说，上大学太贵了，几乎难以负担；57%的受访者说，美国高等教育体系没能让学生及其家庭感觉物有所值。塔比奥·威卡拉是坦佩雷大学的荣誉教授、联合国教科文组织首席研究员，他认为，不同的教学实施模式会强化不平等，因此，他提出，经济因素将在很大程度上决定高等教育的命运，传统的面对面式的高等教育将成为少

数人的特权，部分教育领域则需要实现全球的标准化，在许多情况下，这还将会降低教育水准。

"互联网+教育"使得高校学生能够通过较低的成本得到更优质的教育资源，从而促进更多的学生去主动学习。互联网极大地放大了优质教育资源的作用和价值，从传统的一个优秀教师只能同时教授几十个学生扩大到能同时教授几千个甚至数万个学生，使得在一堂课中大学教师讲授的辐射面更广。另外，互联网联通一切的特性让跨区域、跨行业、跨时间的合作研究成为可能，这也在很大程度上规避了低水平的重复，避免教师一年又一年重复教学讲解。

三、"互联网+"加速了教育的自我进化能力

互联网使得教师和学生的界限不再泾渭分明，改变了传统的"以教师为中心"的授课形式，使其转变为"以学生为中心"的形式。在"校校通、班班通、人人通"的"互联网+"时代，学生获取知识的速度已变得非常快，师生间知识量的天平并不一定偏向教师，因此，教师必须调整自身定位，让自己成为学生学习的伙伴和引导者。

要做到"以学生为中心"，就必须强调学生的个性化特征，而互联网中的"用户思维"就是指在价值链的各个环节都要以用户为中心去思考问题，根据用户的需求进行服务。在"互联网+"时代下，应充分利用大数据来分析学生的特点，准确分析学生的兴趣爱好、认知水平、接受能力等，然后在此基础上进行因材施教。因此，利用大数据进行学生特性的分析，然后为学生提供相应的教学，

能够更为有效地提升学生的学习效果。现在为了满足学生的需要，互联网为学生提供了多种学习模式，如体验式学习、协作式学习及混合学习等。而其中最具特点的是4A学习模式，即学生可以在任何时间，在任何地点，以任何方式，从任何人那里学习。这也在一定程度上体现了培养学生自主学习的理念。

传统教育体系中包括"教育对象"和"教育环境"两大体系，教育对象指的是学生，而教育环境则包括了学习主体以外的周围事物，如教师、教学内容、教学条件等。在传统的教学系统中，我们的出发点和落脚点在于考试和升学，对于人的发展则关注得相对较少，因此，我国的学生总是在经过反反复复的打磨后，成了一个个"标准的产品"，个体之间缺少差异性。英国著名教育理论家怀特提出，学生是有血有肉的人，教育的目的是激发和引导他们走上自我发展之路。也就是说，教育的核心是要充分调动人的主体意识，使其在学习、发展过程中变"被动"为"主动"，产生积极主动的心理状态，从而提高自身的认知水平和学习效率。而互联网时代强调的正是主动性和创新性，即通过提升学生的主动性来提升教育的能力。首先，当"互联网+"进入现有的教育体系之后，它打破了原有的教育体系的平衡，敲开了教育原本封闭的大门，为传统的教育体系提供了新的知识信息源泉，使得原有的学生子系统能够更为快捷和方便地与外部的大系统进行知识的交互并获取信息，因此推动了自身知识的增长，从而推动了教育的自我进化能力。其次，互联网的虚拟环境能够为学生创造一个拟真世界，学生能够利用互联网以三维的视角去认知世界、探索世界。陶行知曾经提出"在劳力上劳心"，这才是创新人才的办学模式。陶行知认为，学习应该是实践与认知相结合的过程，而非沉浸在书本中，但是如果我们一味地片面强调学习书本知识，甚至是过时的知识，就会出现"纸上谈兵"的现象。而在"互联网+"的时代，学生能够通过网络中的拟真世界进行相应的实践，并随时根据网络信息及时更新知识。例如，管理类专业的学生能够通过网上进行沙盘模拟获知与企业运营相关的知识，以此加强学生的实践操作能力。

随着"互联网+"时代的来临，大学教育正进入一场基于信息技术的更伟大的变革。通过分析"互联网+教育"的内涵与特征，笔者认为，其核心和本质是基于信息技术实现教育内容的持续更新、教育模式的不断优化、学习方式的连续转变以及教育评价的日益多元化。由于大学教育不仅是利用互联网和相关信息技术进行教学方式的创新，而且还包括如何有效利用互联网和相关信息技术提供的平台和空间，由此也引发了我们对大学教育本质的再思考。"互联网+"打破了权威对知识的垄断，让教育从封闭走向开放，极大地放大了优质教育资源的作用和价值，改变了大学教育的教学模式，并加速了教育的自我进化能力。

"互联网+"也催生出相关的教育市场，教育要素自发地在国际市场流动，使中国大学教育面临市场化和国际化的冲击，普通高校面临严重的优质生源危机，大学教育因此受到了深远的影响。

第三节 "互联网+"背景下高校教育的挑战

进入21世纪后,随着互联网的广泛应用和普及,以及其对人类文明和社会进步带来的巨大冲击,促进了人类学习方式、学习方法和学习习惯的改变。继2011年国家提出要"加快建设一批世界一流大学"之后,2015年国家又提出"建设世界一流大学和一流学科"这一目标。可以预计,今后很长一段时间里,大学教育都会统筹所有的重点建设经费到这一目标之下,那就是建设世界一流大学和世界一流学科。然而,如何建设世界一流大学和世界一流学科?时任加州大学伯克利分校校长的田长霖教授认为,世界一流大学的重要标志是要有世界一流的科研成果,但不能只看论文发表的数量有多少,最重要的是要在某一个领域真正达到世界一流。由此可见,随着"互联网+"时代的到来,中国的大学教育必将面临新的挑战。

一、"互联网+"使中国大学教育面临市场化的冲击

几百年来,大学一直被认为是知识和学习的中心。尽管科技手段带来了巨大的社会变革,如活字印刷机、电报、电话、无线电、电视机和计算机等的发明和使用,但是大学生产、传播知识,评价学生的基本方式一直未变。有一种观点认为,正像那些以信息为核心的产业(如新闻媒体、报纸杂志、百科全书、音乐、动画和电视等)一样,高等教育很容易受到科技的破坏性影响。知识的传播已不必局限于大学校园,云计算、数字课本、移动网络、高质量流式视频、

即时信息收集等技术的可供性已将大量知识和信息推动到无固定地点限制的网络上。这一现象正激起人们对现代大学在网络社会中的使命和角色的重新审视。

在上述背景下，新技术催生出相关的教育市场，大规模公开在线课程开始备受人们的关注。2011年夏天，当斯坦福大学计算机科学系教授塞巴斯蒂安·特龙宣布将在网上免费公开自己的秋季课程，并附上课后练习题和随堂小测验，其选课人数迅速增加。公众普遍认为，大规模公开在线课程不仅能充分利用有限的教师资源来教授大量课程，达到教学成果最大化的目的，还可以降低人们求学的经济成本，缓解大学教育面临的经济压力。虽然在线课程让更多人"走进了"课堂，但它依然饱受争议。美国哥伦比亚大学安德鲁·德尔班科（(Andrew Delbanco）教授坚称，"传统课堂上的教学体验是在线课程无法替代的"，另外，他告诉记者，"在线课程会催生教育界的'超级巨星'，[1]例如，哈佛大学政治哲学领域教授迈克尔·桑德尔因在网上公开了自己的演讲而名声大噪，随即拥有了数量庞大的追随者。然而，这却给那些没有名气的教授带来了压力，使他们很难在教学中得到安全感"，他还对记者表示，"如今真正需要思考的是，有多少人能从在线课程中获得真才实学。关于'学生是谁''学生的具体问题是什么''怎样有针对性地解决学生的疑问'等问题，都需要教师与学生进行面对面的交流才能寻找答案。"[2]

无论是否存在争议，大学教育已经发现竞争对手正在侵蚀自己的传统使命，它们包括营利性大学和非营利性学习组织、系列讲座的提供商，还有为特定行

---

[1] （美）安德鲁·德尔班科著．大学：过去，现在与未来[M]．北京：中信出版社，2014．
[2] （美）迈克尔·桑德尔著．为什么我们需要公共哲学[M]．北京：中信出版社，2022．

业和职业提供指导和认证服务的大批专业培训中心。相比实体教育机构，它们都能更快捷地提供规模化的网上教学服务。因此，尽管有时受制于财务预算短缺和抵制变革的学术文化的影响，高等教育管理者们仍在努力回应，并着手进行改革。

截至 2012 年，Coursera 的大规模开放式网络课程慕课（MOOC，Massive Open Online Courses）已对其学生免费提供，从而使全球数百万人获得了不受限制地聆听一些最知名大学课程的机会。此外，MITx，Udacity 等公司，也以类似方式吸引了数十万学生注册。

二、"互联网+"使中国大学教育面临国际化的冲击

事实上，经济全球化的迅猛发展，使得人力资源和物质资源在世界范围内的跨国、跨地区流动成为新常态。这种资源的流动已经渗透到教育领域，教育要素自发地在国际流动，教育资源自发地寻求优化配置，世界各国间的教育交流日益频繁，竞争更加激烈，并逐渐形成了教育国际化的大趋势。教育国际化既是经济全球化的必然产物，也是各国政府教育战略的重要目标。各国在人才培养目标、教育内容、教育手段和方法的选择上，不仅要以国内社会经济发展的需求为前提，还需适应国际产业分工、贸易互补等经济文化交流与合作的新形势。因此，教育国际化的本质归根到底就是在经济全球化、贸易自由化的大背景下，各国都想充分利用"国内"和"国际"两个教育市场，优化配置本国

的教育资源和要素，抢占世界教育的制高点，培养出在国际上有竞争力的高素质人才，为本国的国家利益服务。

从方法论的角度讲，教育国际化就是用国际视野来把握和发展教育。从各国的教育国际化实践来看，教育要素在国际的流动，最早始于各国高等教育，并由此波及中等教育、基础教育、职业教育等领域。著名教育问题研究专家钟秉林认为"教育领域的人力资源流动就是教师和学生的流动，物质资源流动就是教学资源的流动，比如课程、教材、课件等。而这些要素流动的载体，就是各类不同形式的国际教育项目。"[①] 截至 2021 年底，全国经审批机关批准设立、举办的合作办学机构和项目共 2356 个，其中本科以上层次机构和项目 1340 个。实际上，未经审批但已经实际存在的合作办学项目，可能是这个数字的几倍之多。从全国高校整体情况来看，包括本科、高职高专，至少 2/3 的高校已经有自己的中外交流或合作办学项目。合作办学是一个载体，通过这个载体，国际化的课件、教材，都可以流动起来，同时伴随着的是学生和教师的国际流动。更重要的是，随着师生资源和教学资源的流动，必然伴随着教育观念、教学方式、管理方式的跨国流动与融合。通过教育国际化进行资源重新配置的方式有很多，比如出国留学与来华留学、访学游学与国际会议、合作研究与联合培养、结成友好学校等，这些途径为教育国际化搭建了平台，为国际教育要素的流动提供了载体。

---

① 钟秉林. 教育的变革 [M]. 北京：商务印书馆，2020.

三、"互联网+"使大学生学习碎片化

祝智庭认为，学习碎片化起始于信息碎片化，进而带来知识碎片化、时间碎片化、空间碎片化、媒体碎片化、关系碎片化等，即学习者可以利用乘坐公交车、课间休息、睡前十分钟等零碎时间，通过网络获取一些零碎的知识进行学习。[①] 碎片化学习资源具有短小精悍、结构松散、传播迅速、生命周期短、去中心化、多元化、娱乐化、多方式表达、多平台呈现的特点，而也正是因为这些特点导致学生会对网络学习产生障碍。

首先，碎片化知识短小精悍、结构松散，促进了学生认知方式的转变，对新知识的呈现形态提出了新的要求；学生适应了简短的信息阅读方式，可能会对较长的信息和图书阅读产生不适感。而且长期以来，我们受到的大学教育都是系统的知识教育，要求学生能够对结构松散的知识进行加工构建，如若不行，那么学生就会产生认知障碍，甚至以偏概全。

其次，碎片化知识传播迅速，生命周期短，这样对学生的记忆能力提出了更高要求。一直以来，高校学生都习惯了纸质书籍这种连续的、线性的知识获取方式。即先后信息相互联系，具有一体性，这样便于学生对知识进行记忆。但是碎片化知识以短时间记忆为主，因此，学生日后进行信息的提取时可能产生虚构和错构，导致信息失真。

最后，碎片化信息去中心化、多元化和娱乐化等特点，导致学生的思维不

---

① 祝智庭.因特网教育资源利用[M].北京：高等教育出版社，2001.

能集中，产生思维跳跃。知识碎片的多元化导致学生正在思考的内容很容易被环境中时刻变化的新信息吸引，尤其是娱乐信息吸引，因而无法围绕一个主题进行深入思考。同时大量碎片化知识和唾手可得的信息中不乏有的信息内容空洞、缺乏价值，甚至毫无价值，而学生对于这类信息不加以思考而全盘接受，会导致思维活动空洞，毫无深度可言。

正是因为互联网下的教育与各行各业的知识在不断融合，知识不断更新拓展，知识的复杂度加强，信息以指数级增长，且呈现出碎片化的形式，可用的资源虽丰富却也鱼龙混杂。在传统的学习模式下，学生一直接受的是填鸭式的教育，对于知识实行的是全盘接受，不须考虑其他，但是在互联网时代，却需要学生对知识信息进行加工处理，而这对于学习能力不足、信息加工处理能力不强的学生来说是一个巨大的挑战。

第五章　高校教育教学理论方法基础及实践

创新一般包括思想理论创新、方式方法创新和制度保障创新三个环节，观念乃至思想理论的突破是创新的根本所在。高等学校教学方法创新虽然是一个教育实践活动，但长期的教学方法改革实践证明，没有理论基础的实践是盲目的改革实践。教育活动实践是以培养人为目标的，每一个受教育者都有成功的权利而无失败的义务，所以，教育改革不容许毫无把握的"试验"，必须以相关理论为依据，精心设计等教育教学改革方案。进行高等学校教学方法创新理论研究的目的在于分析工具论、机械认识论等既往教学方法改革理论的局限，提出价值论的教学方法理论，并建立以价值论为基础、创新高等学校教学方法的若干基本范畴。

第一节　基于认识论的教学方法

教育与哲学有着千丝万缕的联系，很多教育问题归根结底还是哲学问题，也只有回归到哲学层面才能发现教育问题的症结所在。我国对于高等学校教学方法的本体性与实践性的认识与研究相对不足，其中最直接的表现在于对高等学校教学方法本质的理论探究相当薄弱，以"借"为标志的研究路径直接导致了当前的境况。这些被"借"的教学方法理论和教学模式与高等学校教学方法有本质的区别。无论是从高等学校教学方法自身发展角度，还是从深化对高等学校教学方法认识的角度，建立以价值论为基础，以价值实现为核心的高等学校教学方法都是推进高等学校教学方法创新的理论原点。

一、认识论的理论

1. 经验主义

经验主义者声称，知识是人类经验的产物。朴素经验主义者认为，人们的思想和理论需要在现实中论证，然后依据它与事实的匹配度来决定是否应该持有此理论。

经验主义与科学有密切关系。虽然科学的效力毋庸置疑，但在哲学上，科学"是怎样的"和"为什么起作用"引起了争论。科学方法一度因为能保证科学实验的成功而被人钟爱，但现在科学和哲学中遇到的问题使人们更加偏向于经验主义。

经验主义经常与实证主义混淆，后者更强调人对现实的看法，而不是人在现实中的经验本身。

2. 观念主义

观念主义认为，我们感知到的世界只是我们的观念构造。乔治·贝克莱、康德及黑格尔持不同的观念主义观点。

3. 朴素现实主义

朴素现实主义，也就是通常意义上的现实主义认为，存在一个真实的外在世界，并且我们的感觉由那个世界直接引起。它以因果关系为基础，认为一件事物的存在是导致我们看见它的原因。这样，世界在被人们认知的同时保持着原样——与它没有被人们感知时一样。相反的理论是唯我论，朴素现实主义没有将心理学上的感知考虑进去。

4. 现象论

现象论从乔治·贝克莱的观点"感知到的便是存在的"发展而来。根据他的观点，我们不能认为我们看到的事是独立于我们感官存在的个体。他认为，真正存在的只有感官本身。

5. 理性主义

理性主义者相信有并不来自感官经验的前知或先天思想。这一点可从很多经验中看出。这些思想可能来自人类脑的结构，或者它们独立于大脑存在。如果它们独立存在，当它们达到一个必要的复杂程度时就能够被人类理解。

理性主义者的观点可以被浓缩为笛卡尔的"我思故我在"。斯宾诺莎建立了其中"只有上帝一件事物"的理性体系。

6. 具象主义

具象主义或表现现实主义，与朴素现实主义不同，意为我们看现实时只可以感知到它的表现。换言之，我们看到的世界及事物并不是它们本身，只是内在的虚拟现实的复制品，这使我们不能直接感知世界。

7. 客观主义

客观主义是艾茵·兰德的认知理论，与朴素现实主义相类似。她也认为，我们通过感官从外在世界获得知识。客观主义认为，未经加工的感觉信息会自动地成为被大脑融入感知的对象，这时是意识去感知信息，而不是以任何方式创造或发明信息。一旦我们意识到两个实体彼此相像，而与其他不同，我们就可以将它们看作一个种类，这个种类可以将同种类的所有实体囊括，这样我们的意识就可用一个词将原本无限的实体包含。客观主义拒绝纯粹的经验主义，认为我们可以借助客观的概念从而超越感官的层次。客观主义也不承认纯粹的具象主义和理想主义，认为我们感知到的才是现实，谈论感知不到的知识是没有意义的。

二、认识论与工具论的盛行和局限

（一）工具论教学方法

毫无疑问，教学方法是用来实施教学的工具。这种通俗的认识在一般教育学和教学论文献中非常普遍，且影响深远。我国最早学习借鉴的苏联《教育学》著作中指出，"教学方法是教师和学生为完成教育任务而进行理论和实践认识活动的途径"，"教学方法是指教师的工作方式和由教师领导的学生工作方式，借助于这些工作方式，可以使学生掌握知识、技能和技巧，还可以形成他们的共产主义世界观和发展他们的认识能力"，"教师和学生在教学过程中为解决教养、教育和发展任务而展开有秩序的、相互联系的活动的办法，就称为教学方法"。①即使到了20世纪80年代以后，西方学者对教学方法界定的研究讨论纷纷出现，其中也免不了工具主义的认识。比如，"教学方法是教师为达到教学目的而组织和使用教学技术、教材、教具和教学辅助材料以促成学生按照要求进行学习的方法"，"教学方法是指大多数教师能够充分加以运用并适合于多学科反复使用的教学步骤或程序"，"教学方法就是教师发出和学生接受学习刺激的程序"，"教学方法是促进学生学习，教师组织班级，向学生提出意见及使用其教学手段的各种方法"②……这些认识不论被引入我国时间的先后，都属于工具论的观点范畴，这些观点对我国教学方法理论与实践的影响非常大，有学者说是"一锤子定了音"的影响，以致国内学者的很多理论研究也难脱其窠臼。王策三认为，"教学方法是指为达到教学目的，实现教学内容，运用教学手段而进行的、由教学原则指导的、一整套方式组成的师生相互作用的活动"。③王道俊、王汉澜认为，教学方法是为完成教学任务而采用的办法，它包括教师教的方法和学生学的方法，是教师引导学生掌握知识技能、获得身心发展而共同活动的方法。

这些在一般教育学、教学论中关于教学方法的观点在高等教育的延伸研究中比较多，其中最直接的结论就是"高等学校教学方法就是教学活动中教师所采用的工具"，但工具的属性没有好坏之分，只有先进与落后之别。如果在教

---

① 祝智庭. 因特网教育资源利用 [M]. 北京：高等教育出版社，2001.
② 祝智庭. 因特网教育资源利用 [M]. 北京：高等教育出版社，2001.
③ 王策三. 教学论稿 [M]. 北京：人民教育出版社，2005.

学活动中大量推行现代信息技术与手段成为时尚，其结果只能是器物层面的游戏，不可能在本质上得到改观。有时操之过急还会起反作用，不仅教学效果达不到期望值，还经常让教师沦为技术的奴隶，比如没电就不能上课，从而影响正常教学秩序。

（二）认识论教学方法

致力于从根本上揭示人生、社会、世界、宇宙及其相互关系的可能面目，构建关于它们的认识论原则的认识论，对教育尤其是高等教育的影响由来已久，但对教育教学活动的影响是相对迟缓的。长期以来，人们对教育活动的认识就是传授知识，而缺乏对教育活动本身具有认识社会和世界、探究社会和自然规律的功能的认识和理解。随着后现代主义、建构主义对传统教学观的发难，对本质主义教学方法定义方式的批评，引起了用描述特征的办法展示教学方法以及活动的无限复杂性的盛行。因为教育是复杂的社会实践活动，社会发展要求对教学方法本质和规律的认识也必须是一个不断深化、发展的过程。教学方法概念的表述应该反映教学目的、教学内容的内在的本质的联系，以及师生双方相互联系和相互作用的关系。在一般教育学及教学论领域，理论认识视野更加开阔。比如有学者认为，教学方法是在教学过程中教师和学生为实现教学目的、完成教学任务而采取的教与学相互作用的活动形式的总称。教学方法是教师和学生在教学过程中，为达到一定的教学目的，根据特定的教学内容，共同进行的一系列活动的方法、方式、步骤、手段和技术的总和。

这种基于教学活动复杂性和教学对象层次性的理论倡导开启了高等学校教学方法研究的新境界。首先是正视高等学校教学活动与基础教育教学活动存在明显差别，其次是按照建构主义所极力主张的适应和体现高等学校教学活动特点，用描述特征的方法来揭示教学方法的内涵。于是，徐辉教授等提出了高等学校教学方法的五个特点；薛天祥教授认为高等学校教学方法的特殊性主要有三个表现；潘懋元教授则言简意赅地将高等学校教学方法的特殊性概括为明确的专业指向性及科学文化发展过程和研究方法的接近性；别敦荣、王根顺教授则指出高等学校教学方法更多地体现了学生的主体性、探索性更强，具有鲜明的学科专业特色。这些关于高等学校教学方法的比较分析和内在刻画，尽管没有直接回答高等学校的教学方法是什么，但已经揭示了高等学校教学方法的适用主体、基本特点、目标指向等，有利于我们进一步把握高等学校教学方法本质。

（三）工具论和认识论教学方法的局限

工具论教学方法是适应基础教育教学活动需要的，因为它的理论来源就是从儿童心理学到人类文明知识沉淀的状态。最简便高效的知识传授方式就是教师讲授方式（最原始的工具主义解释就是教师的口和学生的耳），这种高效率、低成本的教育活动无疑是人类社会的重大进步。但是，它从一端走向了另一端，即使教学活动彻底脱离了人类认识自然和社会的实践活动。

工具论教学方法对基础教育教学活动基本适应也无可厚非，但对中国传统教学方法以及高等学校教学方法具有重要影响。中国传统教学，无论是书院还是古代官学，几千年的教学方法应该是授课、辩难、游历相结合的。辩难就是现在的讨论式教学方法，游历就是现在的实践与观摩相结合的教学方法。辩难与游历的教学方法在我国的逐渐消失，不能不说是工具主义教学思想在近代学校教育演变中的重要"功绩"，让"讲授法"一家独大，特别是一些实践性教学内容、实验性科学课程都可以被"讲授"。因此，工具主义教学方法观实际上是一种狭隘的、偏执的工具主义。高等学校教学方法从根本上讲不能适用工具论教学方法观，因为高等学校教育已经不再是纯粹教授既有的人类文明知识，学生的主要任务是学会认识社会和自然规律，学会利用和改造社会与自然。这时，教师的角色、工具的价值、学生的地位不能完全用工具主义来支配。

传统认识论在教学方法上的表现是时代发展进步的必然，尤其是现代学校教学方法经过工具论的片面引导之后本质回归。但是，这种回归与一系列的工具论教学方法起源有本质的不同，我们姑且把工具论教学方法看作自下而上的发展路径，甚至是以儿童心理学乃至动物实验心理学为出发点，从最低层次开始建树，进而向高等学校教学方法蔓延。认识论教学方法与此相反，它是从人类教育活动的本原或高等学校教学特征出发，深刻揭示人类本原的教学活动以及高等教育阶段的"终极教学活动"，是为了认识、探究、利用社会和自然及其发展规律。以此为理论基础建构的教学方法更加适应和接近高等学校教育教学，但由于世界性高等学校教学方法研究活动匮乏，也由于高等学校教师的研究活动以学科为主要对象，以致这种本可以得到大力弘扬和进一步开拓的教学方法理论研究和实践探索沦为简单机械的认识论层面而遭到漠视，因而对高等学校教学方法的影响力非常不足。

在基础教育领域，认识论的教学方法观对基础教育教学方法改革创新仅仅是一点兴奋剂，难以畅行通达。因为，无论是哪个国家的基础教育，其现实使命已经远离认识的两端——不再需要所有人都从原始方式亲自开始尝试性认识社会和事物，这是人类社会进步的必然，否则就是逆人类社会发展进程的举动；接受完基础教育（主要是指各国规定的义务教育）的人尚不是现代社会所需要的去进一步探索和认知社会发展规律、自然奥秘的当然对象，现实社会中肩负这些使命的主要是接受过高等教育的人。所以说，基于各种认识论基础上的教学方法尽管在基础教育阶段很受宠，但归根结底只是一时的新鲜，不能也不应该成为主流的教学方法。

认识论基础上的教学方法被从基础教育领域转借到高等教育领域时遇到了个别问题。要说认识或探究事物发展规律的高等学校教学活动，比比皆是，并不像基础教育阶段的学校教学活动那样新鲜。同时，基础教育阶段的教师与学生同为知识占有者（先占有的是教师，后占有的是学生），都不是面向事物的认识主体，仅是认识教学活动的主体，所以认识教学活动以及教学方法的比重被无限放大，甚至被称为"研究性教学""研究性学习"。但高等学校完全不一样，教师既是教学（面向学生）活动的主体，又是研究（面向事物）活动的主体，这就是高等学校教师一直面临的双重任务——教学、科研。所以高等学校教师无时无刻不在努力探究，个别教师也许因此出现"以局部代整体"的现象，忽略了对学生以及教学活动的研究热情，在教学活动中套用、承袭基础教育阶段所经历过的工具主义教学方法，图个清闲；还有教师即使认识到了自己的"双重任务"，也接受并尝试过教学活动中的认识客体是学科要适合事物发展的特点和规律，但这种认识是无止境的人类社会活动，不是高等学校教育能完成的目标，且操作难度大，不确定性因素多，难以就这种教学方法进行考量。总之，认识论基础上的教学方法非常适宜高等学校教学创新。

第二节 基于价值论的教学方法

在工具论和认识论两大基础理论左右下形成的高等学校教学方法格局不可能依然仅仅用它们自身的理论去完成改造，必须在更加广泛的社会活动领域寻求新的理论支点。

一、价值论及强互惠

价值论，也称"价值哲学"，是指关于价值的性质、构成、标准和评价的哲学学说。它主要从主体的需要和客体能否满足主体的需要以及如何满足主体需要的角度，考察和评价各种物质的、精神的现象及主体的行为对个人、阶级、社会的意义。某种事物或现象具备价值，就是该事物或现象成为人们的需要、兴趣所追求的对象，就是人的需要、兴趣、目的，并随着社会环境而改变。因而，价值是通过人的实践实现的。

价值表现在经济现象、政治观象、社会现象、生态现象及他人的认识对象之中，价值的理论以往被许多哲学家探讨，但他们只是从不同角度，对不同对象进行分析。到了20世纪，一些哲学家把政治的、伦理的、美学的、逻辑的、有机体的等不同类型的价值做了综合的分析。

社会事物之间的相互作用在本质上就是价值作用，任何社会事物的运动与变化都是以一定的利益追求或价值追求为基本驱动力的，几乎所有社会科学都或多或少地与价值论存在某种联系，都自觉不自觉地以某种价值论为假设前提。由此可见，价值论是整个社会科学的基础理论之一，价值问题是任何社会科学都无法回避的问题。

（一）价值概念与人们的生活息息相关

价值论在人们的心目中似乎是一种高深莫测的、远离尘世的"经院哲学"，价值问题似乎是只有理论家才去探索和思考的问题。事实上，价值与人们的日常生活密切相关，人的一切行为、思想、情感和意志都以一定的利益或价值为原动力，不同的价值思维和价值取向会对人的思想和行为产生巨大的影响。在人们的实际生活中，价值是一个非常普通的概念，人们的一切行为都需要考虑其实际意义。比如，在进行任何一项工作时，人们总是在不断地权衡某项工作是否有价值，是否有意义，是否值得，是否合算……这些行为都是有价值学意义的。这说明价值是一个与人们的实际生活联系非常密切的字眼。然而，在一般的概念中，价值总是被认为是一个哲学概念或者经济学概念，离人们的生活很远。

（二）价值论的发展状况决定社会科学发展状况

价值论在整个社会科学中占据十分重要的地位，它的发展状况在根本上决定和制约着整个社会科学的发展状况：价值论的客观性决定社会科学的客观性，价值论的精确性决定社会科学的精确性，价值论的价值分类决定社会科学的基本分类，价值论的微小谬误将引发社会科学的更大谬误。这是因为价值论一旦存在某种概念上的模糊或朦胧，就会在社会科学的许多概念上引发更大的混乱与暧昧；它一旦存在某种观点上的谬误，就会以不断扩大的方式传播到社会科学的其他领域；它一旦出现某种理论上的危机，必然导致其他许多社会科学出现更严重、更深刻的危机；社会科学中所存在的许多矛盾与争论，最终都可归结为价值论上的矛盾与争论。由此可见，正确认识和圆满解决价值论上存在的各种危机，不仅是价值论本身发展的需要，也是整个社会科学得以健康发展的重要前提。

（三）主体间性的丰富内涵和强互惠理论

起源于"真理标准大讨论"的价值理论研究是马克思主义哲学在中国的一个实践转向，也是从认识论角度直接切入的，从主客体关系出发探讨价值问题成为一种主导范畴。但在近十几年来，学界不断反思和批评这种研究理论，提出了以前被价值论研究忽视的主体间性问题、被浓厚而直接的主体需要等功利色彩掩盖的超功利性文化价值等新命题。这些命题不断进入价值论，尤其是价值实现论的范畴。

主体间性是相对主体性而言的，本体论、认识论和价值论都有意识地关注主体性问题，但只有吸收认识论合理成分的价值论的建立才真正形成了"主体间性哲学"，本体论立足于存在和解释知识，是"前主体性哲学"，而认识论是"主体性哲学"。毫无疑问，人是价值的主体，只有人才具有认识主体性和价值主体性，但每个人每时每刻又可能是价值客体。这种价值实现过程中的主客体转换实际就是针对"人—人"模式而言的，与"人—物"模式、"人—事"模式无关。就某一个具体的价值实现过程而言，也可以称为主客体间性。分析和考察"人—人"模式价值的实现，就不能回避主体间性，这也正是认识论、价值论在研究和分析人与人的关系时最感棘手的问题。

我们不妨用一个价值黑箱来表述价值实现过程中的主体间性。例如，A 具有一种价值需要，B 具有满足 A 所需要的条件，二者如何实现各自的价值诉求并达到目的就是一个价值黑箱，黑箱里发生的一切就是价值实现理论要追寻的过程、结果、机理、转化等。我们知道，一件具有价值和使用价值的商品，一旦相对人的需要发生价值实现之后，它在一定程度上就不再是原来的那件商品了。人与人之间的价值实现也是如此，获得需要满足的主体和付出有用价值的客体在走出黑箱时已发生了质的或量的变化。不仅如此，他们在黑箱内或者在未来另一个价值实现的黑箱里还可能在一定时点发生主客体位置的变换。这种复杂性不是用现有机械论哲学能解释的，而只有未来兴起的复杂科学才把它作为自己的使命。

正是价值主体间的这种无限复杂性，才使人与人之间的价值实现关系大大超出了基于起源相关性和重复交互作用的人类合作规律，用起源相关性解释人类大量没有亲缘关系的个体间的合作是不可信的，重复交往机制对背叛行为进行惩罚成为可能，从而维护群体成员之间的合作。但遇到人们没有意识到会有重复交互机会、群体规模和生存势力相对悬殊而奉献者个体在未来得到回报希望渺茫、人类社会高概率的多变交易和多目标交易等这些现象和问题时，重复交互机制也难以奏效和给予圆满解释。在这种情况下，超越基于起源相关性和重复交互作用的价值实现理论的强互惠理论应运而生，并解释了大量复杂的社会现象。

起源于美国桑塔费研究所的强互惠理论认为，人类之所以能维持比其他物种更高度的合作关系，在于许多人都具有这样一种行为倾向：在团体中与别人合作并不惜花费个人成本（即使这些成本并不能被预期得到补偿）去惩罚那些破坏群体规范的人，从而能有效提高团体成员的福利水平和持续稳定。[①] 因为人类社会生活中直接互惠、间接互惠等行为司空见惯，被称为弱互惠，而"无须回报"的施惠行为被命名为强互惠，以示区别。强互惠与利他、弱互惠的区别在于：利他行为是无条件的、仁慈的、善意的且不依赖于对方的行为；弱互惠行为是要依赖于别人的行为，弱互惠者愿意支付短期成本来帮助别人，仅仅是因为可以从中获取长期或间接利益；而强互惠行为则是在目前和未来都不能期望得到任何回报的情况下支付成本来奖励公平和惩罚不公平的行为。

---

① 董志强. 行为和演化范式经济学：来自桑塔费学派的经济思想[M]. 上海：格致出版社，2019.

人类社会之所以能维持平稳的公平的合作秩序并持续发展，关键不在于众多的弱互惠行为以及零星的利他行为，而是得益于几近职业化的一批"强互惠者"与"强互惠组织"。

二、价值论的高等教育学意蕴

价值论是探寻人类生活理想目标的哲学分支，作为人类社会生存与发展重要组成内容的教育活动自然也在价值理论的视野之内。无论是对于个体的人还是群体的人，"以人为本"的发展理念说到底就是"以人的价值实现为本"。价值论关于人的价值实现的一系列观点和价值体系正不断校正着传统教育学的一些悖谬，更对化解高等教育、高等教育学中一些难以解释的问题和现象提供了理论帮助。

（一）高等学校教学活动中的主体与客体

我们现在的高等教育教学基本理论是认识论基础上的一般教育学。也就是说，认识论所解析的主体与客体关系范式被一般教育学所接受，形成了教学活动中的主客体二分局面。因此，出现了教师主体、学生客体或者说教育者、被教育者等一系列的概念和范畴。认识论关于主体性有更精辟的阐释，但在人与人的关系问题上仍未完全脱离本体论的窠臼。所以，一般教育学和教学论理论仍然沿袭这种哲学观点，一定要分出教学活动中的主体与客体，一定要使"教育"这个动词具有及物性。由此，一般教育学和教学论中的一个重大谬误就是建立了教育活动参与者的"主格"与"宾格"。这些"理论建树"又被简单移植到了高等教育学或高等学校教学论中。

现在的高等学校教学活动依然存在何为"中心"的问题,这种争论没有脱离"中心主义"的框架,无论是"以教师为中心",还是"以学生为中心",抑或"以知识为中心",都没有揭示高等学校教学活动的本质,其理由有二:一是这些理论基础源于一般教育学和教学论,以基础教育为主要研究对象的理论成果只能是"一般",不能完全适用于高等教育这种"特殊"。二是高等学校教学活动中的人的地位无论是从瞬时性还是从长远性来看,是相互变化的,明确谁为中心毫无意义,其显著特征就是活动的主体间性。

从价值论观点来看,高等学校的教学活动客体就是教学活动本身。教学活动作为一种综合性社会事务,具有丰富的有用性,能够满足主体各自的需要。而且,该活动的上位主宰是制定教育目标和举办学校的人或组织,他们要实现目标和价值,就必须以教学活动这种方式来体现;活动的下位主宰是无限的物质和非物质条件,比如人类的知识、教学设施、教学组织与管理者等,它们的价值都需要在这种活动中实现交换。

(二)高等学校教学活动是一种主体间性活动

在价值论的主体间性观点下,高等教育这种人类非常普遍的教学活动的存在实际上是一种主体间性存在,活动中的各个主体是一种交互关系。在这个主体间性活动中,有这样几个显著的表征:

第一，主体的多重复杂性。高等学校教学活动的参与者非常多，按照人的文化价值实现理论，凡是"意识到"的相关需求者都可以视为教学活动的参与者，而不仅仅是教师和学生。教育目标的设计者、学校的举办者、教学管理者、学生背后的家长、学生将来的雇主、教师背后的家人以及与教师和学生两大利益相关者群体都是高等学校教学活动的主体成分。教学活动的主体从表面看是教师和学生，这是静止的观点，从主体间性上分析，高等学校教学活动所有价值期盼（需要或满足需要）都应该得到实现，这是价值的目标规定性。当然，这些主体可以分层分级，教师和学生是第一阶梯，教育目标设计者和学生家长是第二阶梯，教学管理者和教师、学生的利益相关者群体是第三阶梯。这种分层分级只是相对的，在高等教育大众化、普及化的情况下，教师和学生这种"一线主体"也不一定有自己真实的需求或满足需求的愿望与能力，这种情况另当别论。

这些复杂主体的共同点是都是理性行为者（与基础教育不同），他们的合理诉求都应该得到尊重。所以，活动中的主体角色转换、个体差异都应该得到包容。

第二，价值及价值关联的客观存在性。高等教育复杂的主客体关系决定了教学活动的无限丰富性。但是，我们并不能为这种丰富性所困扰、迷惑。这一切的主体以及作为非主体的物化成分，在这个活动中都具有价值，都具有价值表达功能。这就是高等学校教学活动必须显现的特殊过程，基础教育不一样，可能是因为作为主体的学生根本就没有求知需要，因为他们还是非理性的人。但高等学校完全不同，学生无论如何都是具有求知、成才欲望和需求的，这时他是主体，谁来满足这种需要？教师可以具备条件，书本可以具备条件，网络也可以具备条件，学长与同学也可以基本具备条件，而广阔的社会生活实践也可以。这说明，高等学校的价值关联不仅是客观存在的，而且是无限丰富的，满足活动主体需要的供给者不是唯一的。

第三，活动结果的临界性。所谓活动结果就是价值实现的目的。基础教育（尤其是义务教育）阶段的教学活动结果是知晓人类的既往文明，为探究未来、利用自然与社会规律做准备。这种教育并非孤立于社会生活的高效率教育。随着社会的发展进步，这种以"知晓"与"准备"为目的的阶段越来越长。但高等教育作为人类教育活动的最后阶段，前面的"知晓"目的已经退居其次，主要是面向社会与自然实际，开始尝试认识和探究、利用人类社会和自然世界的规律。这种活动一要有分工性（专业划分），二要开展直接的尝试活动。这种教育与社会生活之间的临界性是解释现行高等学校教育中"知识（教材）中心""教师中心"等现象的有力理论武器，正因为是临界性，教学活动中的很多面向对象的认识问题都没有统一标准，尚在探索之中，所以要有探究性教学、研究性学习、讨论式教学等。一切以"标准答案"为教学效果检验依据的做法都不可取。

总而言之，以上三个显著表征一方面为研究高等学校教学活动提供了视角，另一方面也直观地驳斥了移植一般教育学和教学论的荒谬所在。高等教育教学与基础教育教学的大前提是完全不相同的，有些本该属于高等学校教学基本规定性的东西反被用到基础教育领域，这实际上反映了当今社会对于教育价值认识的混乱与无序。

（三）高等教育的价值实现

价值实现是主体论研究的一个新视角。以前的主体论重点研究价值本身，主要从价值构成、价值生成、价值变异等方面入手，解决的是价值"是什么"的问题。现在，哲学也面临从天堂回归人间的问题，这就要解决价值"到哪里去"的问题。价值实现就是突出价值的实践属性，使原有的价值从潜在状态变为行为表现，并可以被感知。

高等教育作为人类社会教育生活的一个阶段或直接就是一种人类社会生活（不从属于教育生活范畴），其根本目的是价值实现——主体的价值实现、对象的价值实现、活动的价值实现。就主体的价值实现来说，至少有学生为实现个体全面发展的价值诉求、教师为得到成就与事业发展的价值诉求、学校为体现社会功能与发展力的价值诉求、政府为提高国际竞争力而发展高等教育的价值诉求，以及社会有寻求人人发展、人人公平、人人贡献的价值诉求。高等教育活动对象的价值实现是实现知识育人、功能服务，活动本身的价值实现是培养教师与学生共同探索社会、自然和人类自身的发展规律的能力，从而进行相关认识和探索实践。

因此，以往关于大学功能的三分说实际是机械主义的产物，对特定大学和一般高等教育来说是正确的，但也在世界范围内误导大学的发展，形成了大批同质化大学、模式化大学。高等学校的价值实现是基于自身目标的价值转化，与外在的功能规定性毫无关系，即使强加上也不可能实现目标。

由于人类文化中包含着许多非理性的东西，如风俗习惯、伦理道德、宗教信仰，有些政治、法律、礼仪、制度等也是在非理性的价值思维肯定基础上建立和发展起来的，会影响人的价值思维及价值实现。所以，教育者首先必须受教育，要想别人提高理性首先自己必须符合理性。即使受教育者的觉悟尚未达到理性的高度，或者他的思想、行为尚包含着非理性，你也必须尊重他、关心他、爱护他。只有先尊重他、关心他、爱护他，你才有可能启发他、教育他、改变他，而且还必须出于真诚的愿望和善良的动机。对人的非理性决不能采取粗暴无理的态度，更不能愚弄、戏弄他们，否则你就会陷入以非理性对待非理性的地步，那是绝对达不到理性教育的目的的。这正是高等教育的真谛所在。

三、价值论视角的高等学校教学方法

教学方法的价值问题一直有人研究，并可以把过去的所有研究（包括中小学教学方法研究）都归于教学方法价值论研究（尽管高等学校教学方法价值研究还相当不足），教学方法的价值研究是解决教学方法"有什么用"的问题，是静态的观点。而静止意义的教学方法是毫无意义的，只有价值实现的动态过程才是教学方法的真实性所在，但这方面的研究几乎没有人做，笔者把这个问题称作教学方法价值实现论研究。

（一）价值实现：高等学校教学方法的本质与核心

教学方法价值实现主要从教师的价值实现、学生的价值实现、学校的价值实现三个方面展开。其他凡是涉及教学活动的功能主体（人、物或机构）都有教学方法价值实现问题，但都不是主要的，比如教学管理者们的价值实现实际代表学校的教学价值实现，黑板、投影、幻灯、多媒体、网络等教学设施的价值实现是附属于教师和学生两个价值实现之中的。所以，从根本上说，教学方法分类不能细化到器物或技术层面，器物或技术层面的教学方法研究不是教学论研究的范畴，研究出了什么结论也一定是短命的。教学方法首先是教师的价值实现，这不难理解，教师的社会职业价值是传授知识和培育人，这个价值实现得如何，要看教学方法。所以，教学方法创新是教师的传授性价值实现。学生的价值实现长期被忽视，为什么要到大学里来？要每一个学生都准确回答这个问题其实是非常困难的，或者说过去乃至当前很少有学生能够回答出来，很多学生可能就是"为上大学而上大学"，或者"为了有一个更好的工作"。这其实都不必非上大学不可。学生的价值是通过接受知识和教育而成才，那么学生的价值实现就是如何有效接受知识和教育的问题，教学方法是最重要的媒介，可以称为接受性价值实现。学校的价值实现是将学校设计的人才培养目标转化为现实的合格人才。相对于教师和学生的价值实现，学校的价值实现要单纯一些、中立一些。这里的单纯不是指类型与规格，而是指实现过程属性的基本要求不是瞬息万变的。

教学方法中的价值实现问题是研究中的空白环节，其主要原因是忽视了教学方法应该作为学生价值实现的客观存在这一问题，一直以为学生就是教育对象，处于被动地位。大学生尽管也是学生——具备"学生"的一般属性，但毕竟是"大学生"，无论是"大学之生"还是"大的学生"，都不能与通行的"学生"画等号。一方面是大学的特定环境决定了这里的学生不能与别的学校的学生一样，另一方面是这些学生确实已经"大"了，成人了，也基本成熟了，他们被称为"年轻的成年人"，这就决定了他们应该有自己的价值目标以及实现价值目标的个人诉求。

在教学活动的价值实现过程中，无论价值主体的变化如何，归根结底是人与人之间的关系，是主体间的关系，而这种关系是充满文化意义的。在处理主体间关系时，决不能只把对方看成客体，而必须把他也看成主体。高等教育作为人类社会最为理性的活动，目的是建立一种理性的主体间的关系，而不是建立人与自然界的那种机械的主客体关系，即认识主体与纯粹客观对象之间的那种关系，更不是建立主仆关系、统治与被统治的关系。因此，必须克服仅从自我合理性出发而否定他人的合理性的现象。

价值实现是高等学校教学方法的评价尺度。教学方法是教学活动主体间的价值实现。在这个过程中，主体间、主体与对象间具有不同的价值诉求以及为满足价值诉求的、达到设定目标的丰富而复杂的程序，甚至价值目标也在不断修改，主客体角色也在不断转换。

（二）高等学校教学方法的特定表现在于师生感受共轭

既然高等学校教学方法的本质是价值实现，那么在这个复杂活动中可以考量的"质"是什么？即用什么方法来知悉教学方法，用什么标准来判断教学方法。我们知道，作为价值实现的结果，可以用目标的实现程度来度量和检验，而关于价值实现过程本身状况的评判就只有用"感受共轭"来表达。

共轭（conjugate）本是一个自然科学术语，在数学、化学、物理学、生物医学等领域都有这样一种现象或规律，它们的共同点是必须有至少由两个要素构成的关联体，比较有代表性的比如数学中的共轭复数（实数部分相等而虚数部分互为相反数的两个复数）、物理学上的共振、生物医学中同时发生在同一轴上的平移和旋转活动或在一个轴上旋转或平移同时伴有另一轴的旋转或平移运动的脊柱运动现象，最典型的就是化学中的共轭——氧化与还原反应中电子供体 AH 氧化成 A 时电子受体 B 必须还原成 BH_2O。我们常说的"有机组成部分"的"有机"关系，就是指这种两个或两个以上元素间的"共轭"效应和关系，而不是无厘头的一句空话。因为，共轭效应和共轭关系是有机化学的一个重要特点，而且还具体分为正常共轭（又称 $\pi-\pi$ 共轭，指两个以上双键或三键以单键相联结时发生的 π 电子的离位）、多电子共轭、超共轭效应等多种情况。

有机化学领域的这种"共轭效应"是由于分子中原子群体之间存在的相互制约、相互配合和相互影响的作用，从而使整个有机化合物的分子结构更趋稳定，内能内耗减少，分子极性增大，抗力增加，外力不容易破坏它。在有机化合反应中形成"共轭效应"的关键是使每一个原子按照其在分子结构中的相互关系和各自"角色"，重新整合定位，相互作用、相互制约，取长补短，形成结构稳定、抗力增强的新生有机体。作为反应发生的诱导效应是指在有机分子中引入一原子或基团后，使分子中成键电子云密度分布发生变化，从而使化学键发生极化的现象。根据电子云密度情况，引入原子或基团的"极化"有时是正的诱导效应，有时是负的诱导效应。

感受是人所处的各种外部情境的刺激与个人心灵反应的核心接口，一个人对外部情境乃至世界的所有理解和认知、经验的累积、思维和能力的提高都始于感受这个基本环节。感受和心灵的关系非常密切，任何的感受都会产生特定的心理活动，特定的心理活动也会产生相应的感受。对于一节课、一门课程，教学活动的目标也应该是共同的，那么联结师生感受的就是教学方法，只有师生的教学感受一致时（共振或互补），这个活动才是完整的。所以说，"感受共轭"是教学方法的实际表现形式。当然，除了师生双方的感受，还有其他方面的感受，如教学管理者、教学方法观察和评判者、教学目标制定者等，他们都会对一节具体的课、一门具体的课程有着各自的感受，但不是方法的直接"共轭体"，而是间接的"共轭关系"。

由于没有充分认识到高等学校教学方法的"共轭性"，所以，教学方法问题的研究长期徘徊不前，莫衷一是。

（三）高等学校教学方法的"小而全"特性

按照价值论的视角，高等学校教学方法的实质是以师生为主要代表的多方利益关联目标的价值实现，具体表现形式是师生的感受共轭，那么它的特点是什么？从现有教学方法研究和应用成果以及实现教学方法的目标价值来看，高等学校教学方法的显著特点是"小而全"。也必须具备了"小而全"特点的教学方法才是有效的教学方法。

高等学校教学方法的"小"是就教学方法概念本身而言的。无论在高等学校教育教学活动范畴还是在概念体系内，教学方法属于非常"下位"的概念，仅高于某个被运用的具体手段或措施。虽然"小"，内涵与要求却一应俱全，缺一不可，好比一个细胞就是一个生命体的最基本单元，教学方法就是基于教学活动范畴的"细胞级"概念。细胞因为基本结构和功能都具备才被认为是生命的基本单元。教学方法的"全"存在两个方面：一方面，它是一个具有内部环境范畴的概念，这些环境具体有哪些，也许就如人体的"经络""气脉"一般，存在而尚难具体地机械化地加以分别，就是说，在"感受共轭"环节，有无限丰富的环境因素在不断进行主客体间的转换、信息流的发生与反馈等。另一方面，它具有无限多的具体信息传递、情感激发手段和措施以及措施的组合，而且这些手段和措施及其组合又在不同的学生和教师间演变。因此，要想使一节课或一门课程"受欢迎"，必须具备"小而全"的基本特征。

以前，我们基本没有把教学方法作为一个完整的活动概念和范畴来分析。也就是说，用整体思维观点对教学方法的这个微观系统的建构还不够，现在要更深入地进行微观系统的创新，逻辑上缺少了一个上位环节。所以，我们在研究实践和研究"教学方法创新"这个命题时，总感觉无从下手，不着边际，所以推广不开，影响不广，价值不大。

第三节 教师的职业价值及教学方法创新主体

一、教师的职业价值

顾名思义,"教师"是一种社会职业称谓,无论何种层次教育机构的教师,教书育人是其天职,"教书"是指教学方面的活动,"育人"是教书的根本目的所在。当然,实现"育人"目标的实现还有其他很多途径,"教书"不是唯一途径。具体来说,"教书"关键在"教",就是典型的教学活动,包括教学方法;书,只是作为知识体系的一个形象指代,但不仅仅局限于教材、课本。对于高等学校的教学来说,很多情况下没有"书"也能够教,小的可以是师生参与一次实验、实践,大的可以是探究自然或社会某一方面的现象和规律。大学教师如何对待这个"书"大有文章可做。

(一)"三分法"职业价值缘起及其盛行

现代大学被赋予人才培养、科学研究、社会服务的职能之后,高等学校教师的职业价值取向就发生了严重分异——有的专注于教学,有的致力于科研,有的热衷于科技开发等社会服务。高等学校教师职业价值取向的这种分异也许都有一个必然的震荡期,震荡期过后必然回归。高等学校是探究高深学问的场所,高等学校教师所从事的工作是学术职业。这种学术职业随高等学校社会功能的演化而不断分化与综合,在早期的"象牙塔"高等学校内,教师传承学问以及与学生一起探讨学问就是全部的学术活动,教师职业的主体任务比较简单。

后来，随着学科的分化和社会的进步，大学的科学研究、人才培养、社会服务使命对教师进行了学术职业发展的重新定位，一部分大学教师专门从事科学研究工作，一部分重点进行人才培养工作，还有一部分专事社会服务与技术开发。即使是具有三重使命的高等学校，采取这种"三分法"的措施来实现学校整体功能也是合乎情理的策略。但在很多情况下，高等学校教师是在大学的这三大功能中不断进行着角色转换。

因此，端正高等学校教师的科研态度，进一步明确高等学校教师的科研价值是当务之急。

（二）重塑高等学校教师职业价值和培育职业价值感

作为一种当下的应景之策，高等学校把所有教师都作为学校社会职能的实现者加以规定，在管理上虽然达到了简便易行的目的，但违背了教师职业的根本价值原则，带来了一系列的不良后果。高等学校教师的根本职业价值不能因机械的"三分法"而具有三重性，它的本质是以人才培养为核心的学术活动，科学研究和社会服务都是为提高自身业务素质和人才培养质量服务的，也是引导学生认识社会从而成长成才的必然途径。一所高等学校可以有三个甚至多个社会职能，但高等学校教师的职业价值只有一个标准，这就是本和末、表和里的关系，相互之间不能颠倒。钱伟长早在20世纪80年代谈到高等学校教师时就有一个非常直观的表述："你不教课，就不是教师；你不搞科研，就不是好教师。"[①] 高等学校教学活动的本质和特点决定了以探究学术为标志的科研活

---

① 钱伟长. 钱伟长论教育 [M]. 上海：上海大学出版社，2018.

动是教学活动的任务之一，不能把高等学校教学活动单纯理解为中小学那种以传授知识为主要任务的教学，教师和学生本身都肩负着学术活动任务。

明确了这一点，就要匡正和培育高等学校教师的职业价值感。职业价值感是每一个社会工作者通过对自己所从事职业的价值进行自我判断、对自身职业工作可能取得的成就进行基本估计、对社会所产生的回报和影响进行满意度评价等形成的基本认同。这是衡量每个社会职业者是否爱岗敬业的基本标准，传统的职业价值有经济价值、安全价值、伦理价值等，而现代的职业价值则扩展到包括个人认同、自我价值实现、个人成长、成就感、人际交往等方面。简单地说，作为高等学校的教师，当然是既要让自己获得各方面的幸福，也要使学生获得应有的成功与幸福。如果一名教师连自己到底要实现一个什么样的职业目标都很恍惚，最后的结果自然是什么也实现不了。我们经常听到某学校教务处处长说教师的科研任务重、压力大，用到教学上的精力不足；又有科研处处长说现在教的教学任务如何如何重，师生比达到了多少，没有精力搞科研。这难道就是高等学校的一个难解之题吗？不是。这只是一个体制化的缺陷和一种逃避责任的借口。那些科研搞得好的教师是不会说这种话的，而且就中国的绝大多数高等学校来说，其所开展的"科研"由于原创不足或技术保障条件不足而缺乏创新价值。高等学校教师以及教师和学生一起进行的科学研究工作只不过是探究社会和自然规律的一点点常识，却是人才培养过程中的一个有用环节。虽然科研成果可能微不足道，但这个过程是人才培养必需的，因为教师培养出来的学生或学生的学生具有了那种探究和认识的能力，就可能会取得更加有用的成果。因此，教师的职业价值感不是来自一篇论文的发表、一个项目的获得，而主要是一种对接班人的未来创造抱有希望的期盼。

高等学校教师的职业价值不应仅定位于谋生的手段，也不能简单地看作是为了完成任务，只有将职业的价值提升到与个体对生命价值的追求相一致的高度，才能最大限度地激发个体对职业的认同感、归属感，从而才有可能最大限度地使个体投身于教学。同时，高等学校教师也不能把职业价值局限于个人幸福之中，一种有价值的科研活动、一个学生的培养，都不是仅凭教师一己之力能实现的。因而，要增强团队幸福意识，这会促使教师无论是在教学还是在科研活动中，始终发挥集体的力量，这样就会创造幸福，给予幸福，共同分享职业的幸福。

二、高等学校教师是教学方法的"强互惠者"

爱因斯坦曾对教育有过一种与众不同的定义："如果一个人忘掉了他在学校里所学的每一样东西，那么留下来的就是教育。"[①] 这种从学生角度出发的教育定义拓宽了我们的研究视野。在教学活动中，教师与学生主体间发生的价值实现，可以被明确指定的东西无非是那些"知识"的教学内容，但在爱因斯坦看来，这不是教育。可以这样理解，对学生来说，能够留下来的有用的东西就是方法——思维方法、学习方法、解决问题的工具性技能等。被称为"力学之父"的钱伟长院士自称从来也没有专门学过力学，那么一定是其在物理学中

---

① （美）阿尔伯特·爱因斯坦. 我的世界观[M]. 南昌：江西美术出版社，2021.

所学的一系列方法以及"国家需要"成就了他在力学上的建树。所以，教学方法是在教学活动场域中能有效培育学生的看不见、摸不着的方法之法，是承担整个高等教育活动根本任务的业之重器。

在传统的认识论看来，教师是绝对主体，学生与学科对象一样是教师认识和活动作用的对象，照此逻辑，高等学校教学方法的使用以及创新自然就是教师的事情。但是，价值论的观点与此不同，价值论认为，学生是教学方法的需要主体，教师的方法只是满足学生需要的客体，只有这些方法满足了学生的需要，教师的价值才能体现。这样，似乎教学方法创新的主体就应该是学生了。

强互惠理论虽然才诞生十多年，但可以解释以下复杂问题和现象。正是因为人类具有区别于其他物种的先天性强互惠行为倾向，才维持和提高了人类的非亲缘性和交互性的高度合作关系。教育从劳动中分离出来是人类最为成功的一次强互惠，带着这种秉性，教育活动内部主体关系也普遍存在强互惠，一切教育活动，包括教师的一切活动都是在目前和未来不期望得到任何收益的情况下支付成本来奖励公平和惩罚不公平的行为，其终极目的是人类自身的发展。如果按照弱互惠观点，教师选择使用的教学方法必须依赖学生以及教学管理者等主体的行为，且对方愿意为教师的这种付出现实成本的选择给予直接或间接的利益回报。这显然就是过去以及当下教学方法创新不足的症结所在：教师不愿意为之付出成本或风险，学生以及教学管理者也没有承诺兑现相应的利益回报。因为教学方法本身是一个难以在眼前评说的"无形价值体"，其效果的滞后性就是爱因斯坦就教育所说的在学生多少年后"所留下的",加之学生认知滞后的惰性抵触,学校也不对教师教学方法创新给予保护,所以这种交互乃至重复交互性的弱互惠根本就不在高等学校教学方法的选择和运用上,教师和学生是平等的主体关系。但无论是静态观察还是动态计量,教师以及教师群体都是少数,学生和学生群体是绝大多数,因此在教学方法的选择上,就不能按常规的"多数派民主"决定,必须由教师方承担主要责任。当然,承担责任不是逃避责任(弱互惠条件下是可行的),而是要将这种责任实施下去。因为在学生群体中,许多学生从小习惯了被安排,习惯了中小学教师的那种讲授式知识传递方法,不愿意甚至不可能提出积极的方法建议,事后也只隐隐约约地"觉得"这种方法"对胃口"或"不对胃口",很少在教学活动现场表达"感觉"。那么,教师就要从高等教育的根本目标出发,深刻理解大学生的智力特点,主动做出教学方法改革创新。这种行为对教师来说,需要付出复杂的劳动成本和风险成本。但教师职业的社会性决定了教师就是要为人类社会培养更多具有认识社会发展和世界变化规律能力的人,丰富多彩的教学方法对相当一部分学生是"惩罚",但一定能够达到维持和提高社会人才培养水平的根本目标,教师的个人成本付出是不需要言说或回报的。实际上,这正契合了社会对高等教育的期望,也确实符合了一部分学生的需要,关键是高等学校的教师要迈出这关键性的一步,积极踊跃地充当高等教育活动的"强互惠者"。

第四节 高校教学方法创新的原则

建构高等学校教学方法创新理论是为了推进高等学校教学方法的创新实践。高等学校教学方法创新的原则是以基本创新理论为前提，按照激化矛盾冲突、假设科学有效和追求教学效率（师生的价值实现）最大化的基本规律，指导和规训创新实践的准则。以适切性为特征的创新原则和以有效性为特征的创新目标是不断发展变化着的，不是判断教学方法的唯一价值标准，它们在不同教学情境下遵循不同的要求，不可一概而论，否则就会抹杀高等学校教学方法的复杂性和丰富性。

一、高等学校教学方法创新的逻辑起点

任何原则都不是无缘无故的，对于"创新"而言，原则的形成虽然具有一定的历史渊源，但设定一个逻辑起点是非常重要的。开展高等学校教学方法创新不能捕风捉影、泛泛而谈，而应该有相应的逻辑起点。

（一）关于创新时间

高等学校教学方法创新是一个中性的表达，其内在含义是对现有的高等学校教学方法进行驳回与否定。这是一件棘手的事情，至少对高等学校教师自己的教学方法是一种批判。我国现代高等教育始于19世纪末，到1949年之前，总体上是学习日本和美国。尽管大学进行着科学实验等西式教学，但经史子集等中国几千年的传统学术中的讲解法依然阵地强大，甚至几欲掩埋西式教学。

这种中西之法的拼接本身就是一场斗争。所以，19世纪末不是高等学校教学方法创新的时间起点。

1949年新中国成立后，这时尚谈不上国家高等教育战略，仅是利用原有的一些高等学校培养革命干部，因此在教学方法上基本按照"解放区式—苏式—自创式"三个阶段发展。"解放区式"教学实际就是新中国成立最初几年的大学是按照革命战争年代所办的军政学校的教学方法来教学，这种方法对培养仅有初级文化基础的革命干部是有效的。后来我国全面学习苏联经验，教学理论、教学模式、教学方法几乎是机械化全盘照搬，我们称之为"苏式"教学。"苏式"教学可以被认为是精细化的"解放区式"教学，所以在新中国成立后的前十年，这两种教学方法得以很好地融合，并主宰着中国高等学校的教学活动。但这两种教学方法毕竟与西方现代大学的教学方法以及逐渐发展起来的人才的实际需要情况格格不入，所以开展"教育革命"已是势在必行，于是诞生了"高教60条"。但是，这种由"教育革命"延续下来的改革方式最后却事与愿违，甚至走向了"教育革命"的反面——对于1966—1976年间的高等学校教学，包括"工农兵大学生"教育，我们可以笼统称之为"自创式"教学。"自创式"教学虽然只有十多年的影响，但很难对其具体定义，总体上应该属于"解放区式"教学方法的复兴，这也基本宣告了"苏式"教学和"教育革命"所设想的教学方法的彻底完结。

自1977年恢复高考招生制度以来，我国高等教育进入了有序发展阶段。高等学校教学方法或者说人才培养模式引起了高度重视，各种改革创新不断涌现。但是，我们不能因此就以1977年作为我国高等学校教学方法创新的时间起点。从 20 世纪 80 年代初开始,在高等学校教学秩序基本恢复的基础上,一批以 20 世纪 50 年代初回国人员为代表的高等学校学者开始呼吁对教育进行全面改革,其中最重要的主张包括拓宽过窄的专业口径、淡化学科专业界限、培养复合型人才,从而引起了教学方法的改革。1985 年中共中央出台了《关于教育体制改革的决定》,以此为标志,以发挥自主创新和学习国外经验并举为特点的新一轮高等学校教学方法改革创新开始启动。这场延续十多年的教学方法改革创新历程在 20 世纪 90 年代初也受到过市场经济与功利主义的影响和校园信息网接入的激荡,但总体上形成了与当时高等教育格局和人才培养目标基本相适宜的教学方法体系。在世纪之交,我国开始了以 1999 年高等学校"扩招"为标志的高等教育大众化进程,到 2003 年,基本迈进"教育大众化"门槛。这时,以高等学校人才培养质量为"引子"的"教学质量"话题成为社会的热点,也成为高等教育界必须面对的现实问题。从前的教学观念、教学方法都是与"精英化"阶段相适应的,如今已然进入"大众化"阶段,原有的一套行之有效的方法必然失灵。这很正常,并不是教学方法本身出了问题,而是教学方法发挥作用和价值所依赖的外部条件发生了变化。因此,以 20 世纪 80 年代中期作为开展高等学校教学方法创新的时间起点是比较合适的,它既观照了我国基本稳定的高等教育"精英化"时代的教学方法,又直接面对已经进入"大众化"的高等教育的实际,特别重要的一点是 20 世纪 80 年代也是我国高等教育学科建设以及以教学为重点的教育科学研究全面兴起的时代,近 40 年来的研究成果比较丰富,对现实的教学影响比较大。在"教育大众化"这个阶段,我国的高等教育发展可能会有相当长的一段路程，这就决定了适应高等教育"大众化"的高等学校教学方法创新不是一蹴而就的事。

（二）关于创新的对象

教学方法是可感可见的，教学方法创新也不是创造和发明新的教学方法，而是对现有方法的合理利用和优化整合。所以，要进行教学方法的改革创新，必须明确对什么教学方法进行改革，这是教学方法创新命题的落脚点。

教学方法的内涵比较复杂，有些研究者在论述教学原则时似乎就站在"教学原则"的立场，把教学方法的使用也包含了（如因材施教原则不能理解为教学内容和教学对象的因材施教，对具体的大学生或者中小学生的教学，内容基本是固定的，所不同的是方法和手段），也有的把它泛化成"教学模式"，有些又把它极端化为"教学过程"（极小的瞬间或者极大的一节课），更多研究者则是把它分化成具体形式。同时，在教学方法的分类问题上，有研究者把教学方法按照在教学活动中使用主体的偏向性分为主要服务于教师需要的和主要服务于学生需要的两类，那么，究竟针对教学方法的哪一个问题进行改革创新？对象不清，创新从何而来？

上述问题的每一个层面都有值得改进的地方，但创新要求的是进行根本性的变化，那么属于微观改进的方面就不在创新范畴之列。对于究竟是针对教师的方法还是针对学生的方法，这种分析本身毫无缘由，是"工具理性"思维方式的结果，因此不存在针对方法使用主体的创新。实际上，教学方法的根本问题是选择和使用的问题,因此,对于教学方法选择和使用的基本指导原则、多种方法的组合关系(或称教学模式)、教学方法使用效果的评估都具有创新价值。

(三)关于创新的范围

高等学校是一个庞杂的体系,在这个体系中,既有不同层次和类型的学校,也有培养不同层次和规格人才的任务,所有的学校和人才培养过程中都有教学,都需要教学方法改革创新。但其中的差别是非常大的。在研究型大学和教学型大学之间,在研究生教育和高等职业教育之间,教学方法本身就不能相提并论,各有特点,相互之间的借鉴和学习也许就是一种创新行为。因此,就一般创新来说,我们的立足点是普通本科教育教学活动中的教学方法。

二、高等学校教学方法创新的原则

自 20 世纪 80 年代以来,随着高等教育学研究的兴起,高等学校教学理论与实践日益丰富,也见仁见智地引进、提炼出很多"教学原则",其中有很多属于教学方法范畴的原则。但教学原则只是关于教学方法选择和使用的一部分原则,不是教学方法创新原则。创新理论最先由美国经济学家熊彼特于 1912 年建立,100 多年来,人类社会的创新理论和实践也在不断发展,一般而言,创新就是在有意义的时空范围内,以非传统、非常规的方式先行性地、有成效地解决社会、经济、技术等问题的过程。它包括以下几方面的含义:①它是一项活动,目的在于解决实践问题。②它的本质是要突破传统、突破常规。③它是一个相对概念,其价值与特定的时间、空间密切相关。④它无处不在,人人可为。⑤它以成效和结果为最后的评价标准，可分成为干等级。因此，教学方法创新实际上是教学方法选择和运用的变革问题，教学方法创新原则是用来指导教学方法创新活动的相关规定性。

根据创新活动这样的一些规定性，高等学校教学方法创新的基本原则有如下几种：

（一）科学性原则

高等学校教学方法创新无论是在方法论层面还是在具体的教学艺术与技巧层面进行，首先必须是科学合理的，而不是随心所欲的，是科学性与艺术性的统一。同时，创新活动还必须同时符合相应学科规训和教育学科规律的基本要求，违背任意一方面的基本要求，创新就是为创新而创新的形式主义，不仅不能达到理想效果，还会诋毁教学方法创新的本来面貌。

为了做到教学方法创新符合科学性原则，在创新活动实施之前，就应当对创新活动的实施以及结果进行基本评估，使其尽可能更合理一些，操作更便捷一些。

（二）相对性原则

创新本来就是相对原有状态而言的，任何创新都不可能达到绝对的最优、最佳、最美、最先进。教学方法创新的相对性，是针对人类既往所使用的一切教学方法而言，都是总结和继承传统教学方法合理成分而开展的相对完美的改革，没有过去就不可能有教学方法创新的未来，无论是从具体形式、组合方式还是所产生的后果来看，只要取得了比以前更好的效果，就是成功的创新实践。

特别重要的一点是真正的教学方法创新必须是能够推广的,而不是"独门绝技"。以前的很多教学方法改革创新,虽然在个别或局部产生了比较理想的成绩,但是推广价值不大,影响面小。相对性原则是我们开展教学方法创新必须坚持的一项基本原则。否则,一切创新都会成为过眼烟云,不会给高等学校教学留下有价值的经验。

(三)适切性原则

教学方法创新的基本要求是符合教学需要,创新是实实在在的实践活动,不能有理想主义的侥幸心理。教学方法创新设想一定要适合教学内容、教学对象、教学目标以及时代与社会的需要,方法是服务于内容、服务于主体、服务于目标、服务于环境条件的,不同方法适应不同的内容、主体、目标、环境。因为高等学校的这几个基本教学要素几乎时刻在变化,这要求教学方法创新活动也必须每时每刻、无处不在。即使是同一个教学内容、相同的教学目标和同一个教学时空,学生的情况也各不相同,可以尽最大努力实施多样化教学方法或调整不同的教学进度。

(四)开放性原则

高等学校教学方法创新需要有一个开放的环境和宽容的氛围方能顺利进行,现有的各种管理、评价、考核制度不是鼓励教学方法创新,实际上是限制甚至扼杀了教学方法创新。就教学方法创新的内在需要而言,一是要有开放的视野,不能仅在教育学的圈子里也不能仅在已有的高等教育学圈子里打转,创新是突破和超越,站在井底就超越不了井口的视野,因此要鼓励多学科、多领域、多国度的学习借鉴，当然，这种学习借鉴必须是认真消化了的、契合高等学校教学基本要素需要的。二是在教学管理上对待教学方法创新也必须是开放的，不能把课堂规定得太死，课堂就是教师和学生的课堂，要提倡把课堂还给教师和学生。三是在教学方法创新结果以及评价方面也必须持开放态度，既然是创新，就要允许有多样化结果，甚至容忍失败，而不能用传统的结果观念和标准考量创新的教学实践活动。同时，在评价某位教师的某门课程的创新价值问题上，也应该科学地看待评价主体（学生）的认识能力及其当下的感受，有时当下的感受可能是不真实的，需要很长一段时间加以内化、比较以后才能做出客观的评价，所以不应一味苛求课后即时评价的如潮好评。对教师来说，所谓的教学风格主要也是运用教学方法的相对固有模式，这种模式不在于让每一次教学活动都感受深切，一定有所变化、有所改进，风格是在一届又一届的学生事后评价中产生的。

（五）公利性原则

公利即公共利益，与私有利益相对。在人类社会发展中，对负面的"私利"的研究和剖析较多，而对普通的"公利"熟视无睹。公与私是一种系统联结概念，并非对立。公的根本价值在于为私服务，在于为私与私之间的利益分配提供公平保障。公是一个相对概念，从小处说是"私之外"，从大处说有国家民族之"公"、有人类社会之"公"，公利是具有某种可用性的价值体，分自然存在物之利和人为事物或事务之利两种。高等学校教学方法属于人为的无形有用价值，无论是使用还是创新，都属于公利范畴，按照"强互惠"理论就是一种典型的公利行为，比如人类教育的产生（一些人不劳动而集中学习成长）、义务教育的规定性、高等教育大众化进程等都是宏观的公利性。教师在教学活动中的教学方法创新，必须是公利性的。

作为一个具体个人的教师，公必然源于私，但是，一定要注意处理"公心"与"公利"的关联。尽管出于"公心"，但要明确利为谁谋，不是当下的自己和学生，教学方法的评价也不是当下的评价。私心谋私利，公心不一定都是谋"公利"，为了眼前的"公"谋利，是一种有回报的弱互惠交换行为，算不上公利性。公利性也不是常见的平均主义式的公平利益，而是适宜于每个学生发展的内在的公平之利，用一种方法应对全体学生不是这里的"公利性"要求的。

第五节　高校教学方法创新路径与评价

教学方法创新路径与创新评价是高等学校教学方法创新活动中两个重要的实践要素。对这两个问题的研究，既可以是对过去或现存状态的追寻或总结，也可以是对未来教学方法创新的价值建构。

一、高等学校教学方法的创新路径

教学方法的工具理性决定了它没有意识形态的栓结，无论是过去已经存在的教学创新方法，还是未来需要着力改进的新的创新方法，无论是各种自创的创新方法，还是学习借鉴而来的创新方法，都值得被推崇，但都要客观地分析教学方法具有人文环境的适应性和技术支撑条件的差异性，不能盲目。

就教学方法创新的基本路径而言，科学性和新奇性是两个基本判断依据。在创新理论部分，我们分析了教学方法的内在规定性是"价值实现"和"感受共轭"，这对教学方法创新实践同样具有理论指导意义，"价值"是科学性创新路径的规定，"感受"是新奇性创新路径的规定。无论是自创还是借鉴已经存在的教学方法，其本身的价值或科学性一般不存在怀疑，因此作为"感受"所必需的新奇性要加以重视。

在具体阐述教学方法创新方法之前，作为一种教学方法创新策略，必须提示两点：一是在方法创新过程中，借鉴域外高等学校教学方法是一个有效途径，这个途径不说明哪些方法的好坏，而是提高了教学方法的丰富程度——感受性的最大特点就是丰富性，否则师生对教学方法的感受共轭就是贫乏的。二是要重视教学方法的人文环境适应性和技术支撑条件的差异性的存在，在学习借鉴时，要根据不同对象创制并分析该方法创制的原始背景，加以利用，同时要注意克服推行过程中的技术限制因素，尝试其他途径或通过相关技术解决问题，这本身也属于创新思维范畴。

在教学方法创新实践活动中，掌握一些创新原理和方法只是能否实现创新的前提，不是解决创新的灵丹妙药。只有不断深入学习，深刻理解创造方法，积极开展创新实践，才可能有效地掌握创新方法，取得创新成果。由此，结合创新理论原则和高等学校教学方法的历史与现状，总结分析得出成功而有效的教学方法创新方法主要有如下七种：

（一）组合法

无论是在自然界还是在人类社会，组合创新非常普遍。就教学方法而言，就是将两种或两种以上的方法或方法理论的一部分或全部进行适当叠加和组合，形成新的教学方法。组合法是创新原理之一，也符合教学方法创新实践。爱因斯坦曾说："组合作用似乎是创造性思维的本质特征。"[1]组合创新的概率与空间是无穷的。据统计，在20世纪的重大创造发明成果中，三四十年代是突破型成果为主，组合型成果为辅；五六十年代两者大致相当；从80年代起，组合型成果则占据了主导地位，这说明组合已成为创新的主要方式之一。

（二）分离法

分离原理是把某一创新对象进行科学的分解和离散，使主要问题从复杂现象中暴露出来，从而厘清创造者的思路，便于抓住主要矛盾。在创新过程中，分离原理提倡将事物打破并分解，鼓励人们在发明创造过程中冲破事物原有面貌的限制，将研究对象予以分离，创造出全新的概念和全新的产品。教学方法创新的分离法，就是把过去或原有的司空见惯的方法加以分解，按照一定逻辑关系进行整理，然后突出某一部分甚至将其扩充放大，成为一种等同甚至超越于原来方法作用的新方法。

（三）还原法

还原实际就是要避开现行的世俗规则，即将所谓"合理"的事物设定为"非"，而将事物的原状设定为"是"，就是要善于透过现象看本质，在创新过程中回

---

[1] （美）阿尔伯特·爱因斯坦.我的世界观[M].南昌：江西美术出版社，2021.

到对象的起点,抓住问题的原点,将最主要的功能抽取出来并集中精力研究其实现的手段和方法,以取得创新的最佳成果。教学方法创新与其他任何创新一样,都有其创新原点,寻根溯源找到创新原点,再从创新原点出发去寻找各种解决问题的途径,用新的思想、新的技术、新的手段重新构造方法,从根本上解决问题,这就是还原创新方法的精髓所在。

(四)移植法

移植法是把一个研究对象的概念、原理和方法运用于另一个研究对象并取得创新成果的创新原理。"他山之石,可以攻玉",移植法的实质是借用已有的创新成果进行创新目标的再创造。教学方法创新活动中的移植法,可以采取同一学科领域的"纵向移植"(我国高等学校教学方法的通用手法是非理性的"下位"的基础教育教学方法"上移",而当前基础教育教学改革中则采取了诸如研究法、实验法等更多"上位"方法"下移"),也可以采取不同学科领域、不同地域的"横向移植",还可以采取多学科领域、多地域教学方法的理念、思维和方法等引入的"综合移植"。移植能够取得新的成果,在教学方法方面也符合"感受共轭"中的新奇性标准:没尝试过的就是新奇的。所以,在教学方法问题上,美国的许多常规方法引入中国来就是创新,就能够产生新的效果,而中国的传统教学方法传播到美国去,也会产生意想不到的效果。

(五)逆反法

逆向思维是一种重要的创新方法,逆反法要求人们敢于并善于打破头脑中常规思维模式的束缚,对已有的理论方法、科学技术、产品实物持怀疑态度,从相反的思维方向去分析、去思索、去探求新的发明创造。实际上，任何事物都有正反两个方面，这两个方面同时相互依存于一个共同体中。人们在认识事物的过程中，习惯于从显而易见的正面去考虑问题，因而阻塞了自己的思路。如果能有意识、有目的地与传统思维方法"背道而驰"，往往能得到极好的创新成果。教学方法中有一种备受推崇的"深入浅出"的方法，其实从逆反法的角度分析，高等学校教学中的很多课程内容可能并不适合"深入浅出"，而采用"浅入深出"才能引人入胜。

（六）强化法

强化是一般创新方法之一，它是基于科学分析研判基础上的一种"包装术"——合理策划。强化法主要对原本一般的方法通过各种强化手段进行精练、压缩或聚焦、放大，以获得强烈的创新效果，给人以感觉冲击。分析国家级教学名师们的教学方法，很多都是采用强化法，把普通的教学方法"概念化"，或者按照分离法原则把一个普通方法的局部元素加以剥离、充实，并开发到极致、应用到极致，最终打上首创者的名号。这样获得的教学方法不仅是"新"的，也是"强"的。

（七）合作法

高等学校教学活动是典型的深度合作活动。这种认识长期没有得到推广，以至于教学方法的"单边主义"长期盘桓，根深蒂固。改革现行屡遭诟病的教学方法，推进高等学校教学方法创新，思路之一就应该从教学活动本源入手。有学者分析"对话教学法"是以师生平等为基础、以学生自主研究为特征的典型的合作创新方法，并由此推演出"以教师为中心""以学生为中心""师生关系平等""突出问题焦点"的四种对话教学模式。其实，任何教学方法的创新，从创新主体而言，合作的路径是无限宽广的。这是因为科学的发展使创新越来越需要发挥群体智慧才能有所建树。早期的创新多依靠个人智慧和知识来完成，但诸如人造卫星、宇宙飞船等，仍需要创造者们摆脱狭窄的专业知识范围的束缚，依靠群体智慧的力量以及科学技术的交叉渗透完成创新。

二、高等学校教学方法创新评价

推进和深化高等学校教学方法创新实践的一个重要命题是是否要并如何开展教学方法评价。教学方法评价的缺失或不当，是教学方法创新实践衰微的先决条件。因此，建立适合高等学校教学内容、教育对象、教学发展特点的教学方法评价机制，有利于推进教学方法创新实践活动。

教学方法创新评价的起点是教学方法常态评价，通过对教学方法的常态评价促进教师的教学方法创新，通过教学方法创新评价进一步科学引导教师的教学方法创新实践。教学方法常态评价是分析、判断任何教学活动中教师所使用的教学方法状况及其影响，并提出建议。

教学方法常态评价的目的不在于推选出一种或几种最优教学方法，而在于促进教学方法的多元化和有效性，使学生的感受得到积极健康的满足，从而激发学习兴趣，增强学习动力，提高教学活动的整体水平和质量。"最优"教学方法是不存在的，所有有效的教学方法几乎都是组合性和适切性的产物。因此，常态评价的标准不是组织设计性的，而是一种常态模式状态下的灵活评价标准，即符合基本教学方法要素，适应不同教学内容和教学对象，教师和学生的感受趋于一致。当然，由于教学方法最后是以"感受"为评判基础的，"新奇性"创新标准容易被教师误用为"取宠术"——满堂取悦于学生，这是在实施常态评价时应引起关注的。另外，教学方法常态评价过程必须是动态的，不能以一两次评价代替某位教师的某门课程教学方法状况。

（一）创新评价原则

教学方法创新评价是在教学方法常态评价基础上，用来引导和规范教学方法创新活动的手段之一，评价结果反映了教学活动中教师所用教学方法的科学性、合理性及有效性。进行创新评价或者评价某个教学活动中的教学方法是否具有创新性，应至少符合以下四项基本原则之一。

1. 批判性原则

与常态评价不同，考量一位教师的教学方法是否具有创新性，首要的判据不是方法是否稳妥、正确，而是方法中的批判性成分，包括该方法对教学内容的常理的、现行结果等是否具有反思维或质疑，对学生的问题意识、探究情怀是否有暗示作用。现行教学方法中的知识讲授、灌输等方法之所以一直被诟病，就在于它使知识显得苍白而平面，不能培养学生的问题意识和探究兴趣。在评判原则之下，可以产生较多的具体方法，只要它们具备批判属性，就都属于教学方法创新范畴。

2. 挫折性原则

无论是抽象的观念，还是具体的方法，举凡具有"新"的本质属性，或多或少都存在不被立即接纳和认同的境遇，人类社会在漫长的进化史中，有一个共同的经验，就是对于"新"既怀有期盼，又保持着戒备。一种新的教学方法被创设或引进一个教学情境中，必然会有一定风险，会遇到各种阻力乃至反对。这里，教师对于风险的评估以及是否决定推行被视为内阻力，而遭遇风险被视为外阻力。无论是内阻力还是外阻力，都是任何新方法必须面临的挫折。同时，这种方法本身在实施过程中还含有"挫折"意蕴，如项目教学法就使学生在参与实施新方法的过程中体悟到探究和推演的复杂性和艰难，在挫折中寻求成功，进而体会新方法的宏伟意义和愉悦感。这种方法也是对学生进行学术品格培育的有效途径之一。

3. 丰富性原则

有效的教学方法很少是单一性的，通常是多方法的组合运用。评判一次教学活动或者一位教师一贯的教学方法是否具有创新性，应该考查其方法使用的丰富程度。在漫长的教育教学历程中，人类创造了无数的教学方法，每一种方法都没有好坏、正误之分，关键是是否适合教学对象、教学内容、教学情境。具有创新性的教学方法必须具有一定的方法种类丰度，单一的方法在现今条件下即使具有创新性，也一定非常微观，无法解决常规教学层面的问题。总结教学名师们的教学方法，发现在其"品牌性"方法之外，都有非常丰富的教学方法贯穿于教学活动之中，其中还有一些是教学方案设计之外的"非设计"方法，被教师们临场发挥，服务于特殊需要的教学过程。"非设计"方法是教学方法创新丰富性的表现之一，它也准确地反映出不同教师运用教学方法的能力和水平，高水平的教师可以在教案设计方法之外游刃有余、得心应手地选择恰当的方法开展教学，而初任教职的教师可能在教案中设计了若干教学方法，或者用一些超出教学安排的计划来满足学生的一些兴趣。

4. 关联性原则

高等学校教学方法的实现途径正随技术进步发生着快速而深刻的变化，多途径实现教学目的成为现代高等学校教学方法创新的革命性特征。与传统的讲授法、灌输法相比，现代技术带来的教学方法创新突出了技术性优势，从"粉笔加黑板"进化到幻灯、多媒体以及网络课堂，有效地提高了教学效率，为交互式教学提供了时空与技术保障，师生的教学灵感也及时得到了捕捉和储存。但这只是教学方法创新关联性的一个方面——方法与手段的关联。级联递增式的关联性在一定程度上否定了教学方法的技术元素，完全依赖现代教学技术推进教学方法创新也不妥当，因为人类的教学活动从产生到现在，从来就不是技术的"奴隶"。因此，关联性创新原则要求教学方法不能在技术面前无所作为，也不能搞"唯技术论"，应回归教学活动中"教"与"学"的本位开展创新。人是社会生活中最活跃的因素，离开先进技术设备条件依然可以开展教学方法创新活动，如很多大师成长或教学经验中的"点化法"，就屡试不爽，成就了不少人才。

（二）创新评价主体

在对教学方法及其创新性的评价中，主体必须是多元的，任何单方面的结论都不足信，尤其是从教学管理角度开展的教学方法及其创新性评价更是有违教学方法的本质要求，正如下一节要论述的，教学方法创新属于学术文化范畴，因此对于教学方法的评价不属于高等学校的行政管理而属于学术管理。学术性评价的主体应该是多重多元的，只有这样才能逼近教学方法以及教学方法创新性的本质，否则就是对教学方法的机械性误导，会极大地扼杀教学方法运用的灵活性和教学方法创新的积极性。

教学方法创新评价主体，首先是教学活动的直接参与者——教师和学生这个二元主体。而且学生这一方面的情况还是动态变化的，即某位教师的某一门课程的教学对于某一年级的学生一般只有一次，待教师重复进行教学时，学生已经全然改变。因此，教师的教学方法改革为什么尤为滞后，关键就在于学生对某门课程的学习以及对教师教学方法的"感受"是唯一且不可重复的，即使有一些中肯的建议，但检验这些建议是否被采用的是下一届学生。所以，对教师教学方法创新评价主体中的学生界定必须包含几个年级学生。

教学方法创新评价主体的另一方面应该是教学团队成员。无论这个团队是否形成建制，或者规模大小、关联强弱，通过这个团队，可以从"方法适应内容"角度准确界定教师教学方法的使用及创新状况。

至于很多高等学校已经组建并运行的"教学视导"机构的人员，是教学方法创新的评价主体之一，由于学科专业的巨大差异，他们只能从通用性方法，即从符合教学一般规律性的方法入手加以评价，不能代替教学团队的评价。

教学管理部门参与教学方法创新评价是间接的，只能从程序设计、持续推进、结果反馈和分析等方面着手。

第六节　高校教学方法文化创新

从基本职能和主要活动特征分析，高等学校属于社会的"文化和旅游部类"。而在内涵宽泛的文化概念中，学术文化是高等学校一切活动的内在属性和外在表现，它既包括科学研究，也包括教学活动，还包括社会服务中的成果转化与技术革新。创新是学术文化的生命元素，建设高等学校教学学术文化基础，必须高扬创新旗帜，为教师开展教学方法创新提供良好的环境和精神指导。

一、高等学校学术文化与教学密切相关

现在，人们一提到"学术"似乎就指向了专门的科学研究活动。但在高等学校，这种认识是不准确的，或者说这种观念是在长期的"以偏概全"误导下对高等学校活动本质特征的误解。这主要是由于这种狭义的"学术"活动是很晚才出现的，而且它似乎还排斥科技应用，使"学术"陷入了一个非常狭窄的范畴。

追溯高等学校主要活动的起源，教学活动无疑是最为悠久、最为本质的大学活动类别，它与大学的出现同步或者更早。

高等学校发展到今天，已然形成人才培养、科学研究、社会服务三大基本社会功能。美国高等教育的"功能创新"也许给高等学校自身发展带来了预想之外的麻烦：教学或人才培养活动逐渐丧失其学术探究性特征，教学甚至被淡出"学术"视域，这显然不利于大学的基本功能——人才培养工作的开展。因此，20世纪80年代后期，曾任美国教育部长的卡耐基基金会主席厄内斯特·博耶首先提出了"教学学术"的概念，从"学术"的内涵出发，反诘了学术不只是专业性的科研，而是既有探究性也有整合性的学术，还有应用知识、传播知识的学术，在这个完整的"学术架构"中，"传播知识的学术"被称为"教学的学术"。自此，教学的学术性引起了关注，学术文化被引入教学改革创新活动。

学术文化被引入教学活动不是"外来"的，而是高等学校教学活动本质的复归。高等学校教学活动从来就与学术探究活动密不可分，即使现在大学功能得到分化，也不能剥离教学活动的学术特性。具体来说，教学与学术探究有以下三重血脉联系：

其一，高等学校教学活动总体上与基础教育教学活动重在"传播知识"不同。其从教学目标出发，注重培养学生的探究和创新能力，也即不仅让大学生知其然，还要使大学生知其所以然。基础教育教学是沿袭基础教育方式，在一般教育学、教学论指导下的"知识本位"教学观，高等学校教育活动则是从高等教育自身特点和规律出发的"能力本位"教学观。

其二，高等学校教学活动要培养大学生的创新思维、批判精神等内在素质，这种思想素质不是通过"传播—接受"模式可以实现的，纯粹的"传播式"教学达不到这个目的，必须在有关学术探究活动体验中让学生逐步"养成"。教学活动与学术探究活动有机结合，有利于培养学生的学术精神。

其三，高等学校教学活动自身的教学内容和方法途径必须具有探究性。教学所需的知识信息要及时更新并按照教学传播实际需要对知识进行再加工，以适应教学对象，而不是某个已有知识的"原生态"。高等学校教学活动中对教学内容的选择还有一个"未定型"知识的纳入问题，长期以来，其对教学内容的选择基本是"定型"知识，所以方法手段要随技术发展不断改进。

二、创新是高等学校学术文化的核心

建立高等学校教学学术文化的根本在于以此引入学术的创新特征，促进教学以及教学方法的改革创新。一段时间以来，教学活动游离于学术之外，学术的创新特质也远离了教学活动，导致教学以及教学方法创新举步维艰。

整个高等学校文化的重要标志是以创新为轴心的学术文化，按厄内斯特·博耶的界定，就是探究的学术文化、整合的学术文化、运用知识的学术文化和传播知识的学术文化。创新，无不植根其中。即使是按照大学功能划分，创新也蕴含在每项功能的发挥过程之中。高等学校的社会服务功能，其实是从转化高等学校科研成果，以及求解社会的生产、技术、管理等领域的问题起步的，这实际与科研工作一脉相承，甚至就是科研工作的延续或场所转移。因此，运用知识也是需要创新的。

在人才培养方面，尤其是作为人才培养核心环节的教学活动中，创新元素一直存在且非常普遍。比如，教学内容，最早的教师几乎就是教学内容的化身，没有教材等知识载体，教师日益更新积累的思想学说就是教学内容，被应用于教学活动中。这是教学内容的创新，思想有多远，学说就有多深。但随着信息载体的日益丰富发达，教师的思想学说反而相对减少，有的只是更新而非创新。因此，创新是高等学校学术文化的核心，也是高等学校人才培养活动的核心。也就是说，教学具有以创新为特质的高等学校学术文化属性。

三、重振高等学校教学学术文化

高等学校教学活动是占绝对主体地位的高等学校活动。教学的文化生态样式决定了教学的价值走向。从创新元素的有无来评判，当今的高等学校教学文化生态缺失了"学术性"，也就缺失了"创新"这个灵魂，从而演化成一种几近功利甚或颓废的"应景文化"——学生参与教学活动是应付教师的某些机械化要求，教师参与教学活动是为了完成学校规定的工作量以便获得报酬，消极应付是其共同特点。几乎同时，高等学校里的另外几种文化活动——学生的文体活动、社团活动、社会活动和教师的科研活动、研发活动、社会兼职与服务活动等，其积极的价值体现与教学文化完全不同。

以创新为魂，重振高等学校教学学术文化是推进高等学校教学方法改革的"招魂"之举。教学方法创新不是凭空捏造新式工具，而是要构建一个适当的环境氛围。富有创新内核的高等学校教学学术文化既是曾经的教学生态样式，也是现在需要大力恢复和重建的教学生态。追溯教学文化传统样式的失衡，很可能是高等学校科研、社会服务两大后发功能的冲击导致的，现在重振高等学校教学学术文化是否要削弱这两大功能或淡化这两大功能中的创新元素呢？显然不是，而是要强化三者之间共同核心的渗透与通融，尤其是现代研究型大学的强大科研功能和大批应用型大学的社会服务功能，可以为教学活动注入无限的创新基因。

在已然被分化且独占名分的学术文化面前，高等学校教学学术文化应该如何重建？如何赋予其创新特性？综览高等学校教学活动的几个关键方面，首先，要重建教学创新思维（回归高等学校教学价值本原）。其次，要创新教学内容（空间并不大，尽管现在的教师热衷于科研，但他们的成果能够被纳入教学内容的可谓凤毛麟角）。再次，要创新教学手段（由外界技术主导，高等学校以及师生能力有限）。最后，要创新教学方法（这是大有可为的）。由此可见，以创新为核心重振高等学校教学学术文化，最可能的实现途径就是从创新教学方法打开突破口。

四、重构高等学校教学管理文化

教学学术文化的建设是一个系统性工程，也必然是一个长期的过程。作为重要推力之一，重构高等学校教学管理文化也是一个有效的推进选择。长期以来，在"教学非学术"语境下形成的一系列教学管理制度与文化是高等学校教学学术文化建设或教学创新的首要障碍。

通过对一系列管理制度的分析，无论是主要针对学生的教学管理，还是主要针对教师的教学管理，基本上可以归并于三种属性：机械管理、规范管理、科学管理。这三种层次不同的教学管理，是现代以来高等学校教学管理文化的基本进化路径，但在不同国家和地区，不同高等学校有时间先后差别。机械管理曾经作为"科学化"的代名词，取代了千百年间一直沿袭下来的"自由教学"，这对教学规模的扩大，尤其是开始组织班级教学是有重要贡献和意义的。规范管理并非新生事物，而是机械管理的改进升级版，无论就教学对象还是就教学方法而言，机械管理和规范管理都是扼杀创新、忽略个体差异性的。在教学方法创新上，二者形成一对阻抗——越是强调规范，创新越难以实现；越是创新的教学方法，越是打破规范的约束。科学管理注意到了各种特殊性的存在，在方法上具有一定的伸缩性，与教学方法创新可以相容。所谓科学，就是要尊重规律，尊重教学方法的规律进行教学管理是可以发挥教学方法创新作用的。

重构高等学校教学管理文化，就应该走科学管理的道路，更加注重教学学术文化特性，使教学管理更趋于学术管理，不能过于规范，从而违背高等学校教学的学术精神。仅从教学方法及其创新角度来看，自由是创新的根本源泉，无论是现代意义上的科学研究还是教学改革，管理过于机械、规范的，自由度越小，产生创新成果的概率也越小。因此，要呼吁教学自由。教学自由又必须从教学管理的变革开始，使教学管理富有自由创新色彩，在适度控制前提下可以分开教学自由，尤其是教学方法自由是完全可以分开的。有人回忆西南联大的成功之处就在于坚持了"学术自由、教学自由"。如果没有以教学管理文化改革为先导的教学自由局面的出现，教学创新和人才培养质量的根本提高就是一句空话。

第六章 高校课堂教学质量监控创新研究

第一节 教育教学质量监控体系的构建

一、信息技术环境下教学质量监控的特点

（一）高效性

据调查了解，许多高校利用母体高校的教务管理系统来加强自身的教学管理，还有一些高校已在积极建设并投入使用自己独立开发的教务管理系统。

与传统模式下依靠人工管理相比，教务管理系统可以实现教务管理上的高效与快捷。管理人员、教师和学生每人均对应一个口令，进入管理系统后，将有关信息填写完善，此基本信息将一直跟随着个体。如此，对于教学质量的监控效率将大大提高。例如，领导者想查看学生的英语四六级通过率，通过教务管理系统，在几分钟内即可获得一个班级、一届学生、整个学院在校生的成绩情况，教务管理系统的高效、快捷性是显而易见的。若按照传统模式，对纸质材料进行手工统计，其工作量之大、失误率之高则是不言而喻的。

(二)全面性

依靠现代教育技术手段对高校教学质量进行监控，在高效性之余还有其全面性优点。而只有全面性，才能够给教学质量监控带来科学、可靠的数据结果。例如，在传统的教学质量监控模式下，督导组对教师课堂教学质量的了解，除了听课，还可以通过抽样获得学生对教师的评价。但这种反馈由于是抽样而不是每个学生的"学评教"数据统计，因而在统计结果上将会出现以偏概全的问题。而采用教务管理系统，每个学生通过网上"学评教"信息反馈，将会对教师的教学质量给予客观、可靠的综合评价。特别是督导组可以通过教师个体"学评教"结果的纵向比较，和对担任过相同课程教师反馈结果的横向比较，综合掌握某一位教师的教育教学水平，对其下一步发展能够给出合理的、令其信服的反馈意见和建议。

(三)全程性

使用现代教育技术对高校的教学质量进行监控，可以实现个体监控上的全程性、跟踪式效果。例如，在电子档案袋的使用过程中，从教师入校开始，就进行信息采集并建立电子档案袋，将教师所承担课程的建设情况、专家组听课记录、学评教成绩、年度考核结果、评优评奖等及时、准确地投放到个人电子档案袋中，电子档案袋一直跟随着教师的业务成长。对于学生而言，从招生"入口"到培养过程，再到毕业"出口"，学生的高考成绩、入校后每学期每门课程的成绩，以及实验实习毕业设计（论文）、英语四六级、计算机考级等成绩将一直在其电子档案中记录并不断刷新。这种全程性、同步性使得教学质量监控准确而及时，一旦发现学生出现几门课程不及格，系统将向班主任、家长和学生同时发出预警，使学生清楚自己的处境，尽快走出困境，而非如传统管理模式，一直等到毕业前夕才知道自己成绩不合格，造成不可逆转的结局。

（四）共享性

现代信息技术对教育产生深刻影响的重要表现即知识的共享性。借助于文件传输协议（File Transfer Protocol，FTP）可以实现网络环境上计算机之间的资源共享。这种共享性既可以用于教师之间的集体备课、共享资料、共同提高，也可用于走出课堂后的教师向学生发送学习资料、讨论内容或课外习题等内容，远程指导学生学习，还可以用于学生之间的互助式学习，通过上传和下载，将别人所需要的学习资料及时上传到文件夹，并根据自己的学习内容需求下载相关内容，大大节省了资料查找的时间，提高了学习效率。特别是在外在资源不足的情况下，通过FTP文件传输，可以实现跨地区的资源共享，克服资源不足的限制。当然，除了FTP文件传输协议，还可以通过设置共用的E-mail地址、QQ群等形式实现资源的共享。高校的学生接受新事物非常快速、应用新技术的能力十分强，在日常生活中使用现代信息技术应用于学习已成常态。在高校教学质量监控体系的构建上，忽略这一问题，无疑是掩耳盗铃。

（五）共时性

现代信息技术对教育的深刻影响还体现在不同空间下的共时性特征。传统教育环境下，教师对学生的辅导或是在教室中面向一个班级，或是在办公室对一群学生，或是深入学生宿舍对几个学生。总之，教师无法在同一时间下存在于不同的空间。但现代信息环境则可以实现教师将处于不同空间的学生集合在一起。如通过网络讨论区 ICQ、电子公告板 BBS、即时通信工具 QQ、网络会议系统、微博、微信等，可以实现教育的共时性。通过网络，教师可以将身处校园内、校园外的学生联结在一起，集中讨论一些问题。这种课外教育讨论的模式已深受高校学子的欢迎，也特别适合高校外聘教师、借助母体高校师资较多的情况。外聘教师不隶属于高校，往往上完课即离开校园，学生通过现代信息技术平台向教师请教，教师及时给学生辅导，这种模式已在高校校园流行，如果用传统的教育观念来衡量教师的敬业与否，既没有出现在教室，也没有在办公室，甚至连影子都没有见，如何证实一个教师课外辅导学生学习与否呢？可以说，与传统教育模式强调"在场"，现代信息技术更注重"共时"，因此对于构建高校教学质量监控系统而言，这一因素和环节不可忽视。

现代信息技术带来的"共时性"还可体现在对教师课堂教学与学生课堂学习的监控上。发达国家的大学是开放的，不仅校园是"无墙"的，而且教室是"透明"的。据了解，英美国家的大学教室均安装有摄像头，教师上课情况不仅同步传输到监控系统，还呈现在教室门口的显示器上，使每一个路过的人均可见到。国内高校的一些教室已建成微格教室，通过视频同步，领导者和督导人员可以对全校教学情况了如指掌。

（六）互动性

在信息技术环境下，借助于各种平台和载体实现教与学之间的互动是显而易见的。与传统教育模式相比，现代信息环境中，教师利用现代技术对教学进行科学设计与组织，可以完成从课堂的"主体"转变为"主导"，学生从"被动接受"走向"主动获取"。学生在求知求学的过程中，发现问题，会主动与同学研讨，向教师请教，这种以提高能力、启发心智的学习方式，与传统教育环境下以接受知识为主的学习是完全不同的教育模式。

特别是从中学生到大学生后，学生在课堂上对教师提问回应者不多。而在电子公告板BBS、QQ群、网络会议系统等平台上，从"台前"走向"幕后"，可以畅所欲言，积极与教师、同学之间形成信息上的互动。学生是否在教室上课，如果按照传统的检查模式，必须由多人分头到各个教室进行核查后才能形成结果，而且这种结果也只是管理者或监督者手头掌握的静态材料，不能及时对逃课学生形成反馈，促使其返回课堂。在现代技术环境下，对学生出勤率的考核只需负责考勤的班委用手机对教室中的同学进行拍集体照，上传微信即可瞬间让群内的所有人见到，包括班主任、辅导员，甚至在场与没在场的同学。这种考勤既真实又直观，还能迅速反馈给没到课的学生，其互动已非双向之间的互动，而是一个多向的互动。

二、高校教学质量监控体系构建的主要策略

构建科学、高效的教学质量监控体系是保障高校教学质量、完成高校人才

培养目标及实现高校可持续发展的重要举措,一般要从以下几个方面来加强教学质量监控体系的构建:

(一)提高全体师生员工的质量意识

高校的教学不仅是教学管理人员或任课教师的事情,更是整个高校的中心工作,因此全体师生必须树立质量意识,使整个监控体系自上而下,人人参与,无时不有,无处不在,把提高教学质量作为高校发展的核心工作。

第一,要调动全校教师的积极性,增强每位教职员工参与教学管理的自觉性,通过教育教学思想研讨会、教学工作会议、教学简报等宣传、教育广大教职员工,树立质量意识,明确教学质量监控对提高教学质量的积极意义。形成从高校领导到各职能部门,从教研室到教师,人人关心高校教学质量,人人参与高校教学质量监控的局面。

第二,要发挥学生的主观能动性,积极引导学生参与教学质量监控,作为教学活动过程最直接的参与者,学生对教学质量的好坏最有发言权,因此要激发学生参与教学质量监控的积极性,明确教学质量监控的意义,提高对教学质量监控的意识。因此,高校可以建立起各种学生教学信息反馈制度,如学生信息员制度、期中期末评教制度、班级座谈会制度、学生座谈会制度等,对教学中影响教学质量的各种问题进行及时反馈。

(二)健全管理制度,规范业务流程

完善教学质量监控机构,健全相应规章制度和业务流程是规范管理、实施有效监控的前提和保障。要建立教学质量责任人制度,从高校领导、专业承办

院系、教务管理部门到教研室主任等进行层次分工，具体细化，责任到人。在实施教学质量监控过程中，要做到有章可循，就必须建立一套行之有效的规章制度和业务流程。比如，新专业申报、人才培养方案的制订、教学资格审查、教学任务的落实、教学各环节质量标准的制定、教学改革、学生毕业就业、教学奖励办法等教学管理都需要一系列规章制度的规范与约束，为教学质量监控体系的实施提供可靠的依据和保障。

（三）加强监控人员专业培训，提高业务水平

教学质量监控与保障，不仅靠规章制度与业务流程，而且管理人员的配备情况、对教学质量的认识水平、信息收集与处理的技术水平都会直接或间接影响教学质量及监控质量。有些高校建院时间不长，教学质量监控人员特别是信息技术人员的配备不全、工作缺乏经验和实践锻炼不足，因此要加强教学管理人员及监控人员的专业技术培训与考核，提高业务水平，提高管理人员对质量标准的理解水平、对岗位职责及业务流程的认识水平和信息收集、分析与处理的技术水平。

（四）建立健全有效的激励约束机制

一个完整有效的监控体系，需要全体成员对监控工作认真负责和积极参与，为此要建立健全有效的激励约束机制。建立健全教学奖励制度，加大奖励力度，努力提高教师从事教学工作的积极性；建立健全有效的约束机制，使全校教职员工对教学质量有责任意识；建立科学合理的教师教学质量、专业教学院系教

学质量优劣状态评估体系,并将评价结果与薪酬、经费、评先评优等密切挂钩,充分调动师生关注教学质量的积极性、自觉性,增强主人翁意识。

(五)发挥现代信息技术在教学质量监控中的作用

教学质量监控过程主要是对各类教学信息进行收集整理、分析评价及反馈运用的过程。信息处理的通畅快捷是保证教学质量监控正常实施的关键。借助网络技术、计算机技术的支持,可以更加及时、全面、充分地对教学活动进行监控,可以对监控结果进行更加科学、准确、公正的评价,可以减轻教学管理人员的工作压力,提高工作效率。加强信息化资源建设,积极开发、推行及使用办公自动化系统、教学管理网络平台,充分发挥现代信息技术在高校教学质量监控中的作用。

三、高校教学质量监控体系的整体框架

(一)高校教学质量监控的框架图

依据高校教学质量监控的内容,参考高校教学评估指标,运用全面质量管理理论,能够构建出信息技术环境下高校教学质量监控体系的一种框架。

在全面质量管理理论指导下,高校教学质量的监控针对影响教学质量的各因素、教学过程的各环节进行全程的监督和控制,使全体师生员工全过程、全方位参与,确保人才培养质量。根据教学质量监控主体的不同,一般地将高校教学质量监控体系分为内部监控体系和外部监控体系。内部监控体系,由"教

学准备监控""教学过程监控""教学结果监控"三方面构成。这种结构既有利于对教学组织者的教学过程实施监控，又有利于对教学管理者的管辖对象实施监控。在外部监控体系上，则是由"国家评估""母校指导""投资方参与""社会监督"四个部分构成，这种外部监控体系恰恰也切合按照新机制而创办的高校特点，对其教学质量进行监控的既有代表国家的教育主管部门，也有举办方依托的"母体"高校和出于获得办学效益的投资方，还包括用人单位、家长等社会各个层面的监督。

随着现代信息技术的发展，网络技术、多媒体技术等越来越多地被运用到实际教学和教学管理中。这些信息技术的应用，能大大提高教师教育教学水平，方便实现教学信息化管理，为高校教学质量监控提供技术平台。以校园网为平台的高校教学质量监控体系，主要有以下信息技术手段支持——教务管理系统、网上学评教系统、基于 Web 的教学信息反馈系统、即时通信工具、电子档案袋及电子监控系统。信息技术环境下，教学规章制度更加健全，教学环节质量标准更加明确，教学质量监控更加严格有效，教学评价更加科学合理，教学信息反馈渠道更加畅通，形式更加多样。

（二）高校教学质量监控的流程图

高校教学质量监控是对教学工作全方位、全过程、全员参与管理的一套方法体系，是加强自我约束、保障教学质量不断提高的有效机制。把握好教学质量监控过程的主要环节，是达到预期质量目标的关键。如前所述，高校教学质量监控的流程按照 PDCA（Plan Do Check Action）循环模式组织活动，每一次活动结束，都会有新的目标。

1. 设定高校教学质量监控的目标

高校教学质量监控的实质是获取教学工作的各环节、各要素和工作状态的信息并对这些信息进行质量评判，激励教学工作中的不同成员，使其更加投入自身工作，整个教学管理更加科学严谨，使整个教学秩序良性循环，以确保教学质量不断提高。因此，监控目标的设定要顺应时代要求，合理配置有限教学资源，达到利用效益最大化；保障人才培养质量，关注影响教学质量的因素，因势利导，及时掌握各因素的变化趋势；全方位预防和调整教学活动中可能出现的问题，逐步提高教学质量。

2. 制定高校教学质量监控的标准

高校教学质量监控要遵循高等教育教学的规律，按照专业培养目标、教学计划和教学大纲的要求对教学过程进行评价与调控。由于各专业人才培养目标不可能非常详尽，也不可能具有准确的预见性，因此这种高校教学质量监控标准的制定要依据人才培养目标和现阶段各高校教学质量监控的范围、监控对象的特点进行，包含高校的办学方向、培养目标、教师教学因素、学生学习因素、教学条件、教学环境及激励机制等。

3. 进行教学过程把控，获取偏差信息

判断教学质量好坏，主要是根据教学活动与预定目标之间的偏差进行的。及时获取监控信息，通过科学合理的手段有效地处理这些信息，解决这些偏差带来的问题就成为高校教学质量监控的关键。可以通过教学检查、教学评估、教学督导等方法对教师、学生、教学管理进行全方位过程监控。将得到的监控信息进行整理、比较和分析，去除那些凌乱的、不真实的信息，将有用的信息及时反馈到各相关教学主体。

4. 根据信息反馈，找出原因，进行整改

根据信息反馈，使用科学的方法，将收集到的教学质量信息与事先制定的监控标准进行比对，发现教学活动中出现的偏差。分析偏差产生的原因，制定并实施可行的纠偏措施。在对收集到的偏差信息进行分析时，既要找到产生偏差的原因，也要分析偏差对教学质量影响的程度。对那些严重影响教学质量的偏差重点分析并予以纠错整改，最终反馈至高校教学监控体系，进行比对，予以改进、提高。

第二节 教育教学质量监控中信息技术的应用

一、教务管理系统在高校教学质量监控中的应用

教学质量是高校的生命线，抓住这根线对事业的可持续发展至关重要。建立自我约束、自我发展的内部监控体系，则是提高高校教学质量的根本保证。通过教务管理系统，可以有效地对教学的组织者、管理者、实施者和接受者进行监控，促进高校教学质量的不断提高。教务管理系统在高校教学质量监控中的应用主要体现在以下几个方面：

（一）通过教务管理系统有效监控了教学管理规范化建设

教务管理系统是一个体系化的网络平台，要达到在此平台上实现有效运行和管理，必须建设和完善相应的模块内容。例如，毕业生资格审查的前提是高校要有学生毕业资格的相关制度和文件。因此，只有制定和执行这项制度，才能使该子系统得以有效运行。从这个意义上来讲，建设高校教务管理系统是促进其完善相关制度、规范办事流程、提升管理水平的重要手段，也是实现其规范化、程序化、高效率管理的重要途径。

（二）通过学籍管理子系统有效跟踪了学生的在校成长过程

学籍管理如同公民的户籍管理一样，一人一表，记载着个体的基本信息。从学生报到进校到学生毕业，在校期间的所有成绩与奖惩情况均记录在案。因此，通过学籍管理子系统可以对每一个学生的在校学习与表现情况进行跟踪，特别是对休学、复学、转学、转专业、留级、保留学籍、勒令退学等异动情况了如指掌，使班主任、辅导员和管理者在管理过程中，能够对这些群体有的放矢地教育和开导。有些高校的教务管理系统在采集学生信息时，还有专门针对学生心理健康的子模块，通过入学后的心理健康测试，对心理有障碍的学生形成了重点监控，防患于未然。

（三）通过成绩管理子系统有效监控了学生的各类成绩并形成预警

成绩管理子系统是教学管理系统的重要模块。通过成绩管理子系统，既可以对学生个体成绩进行汇总、分析，也可以对一个班级、一个年级的学生成绩进行分析、评价。通过教务管理系统很容易对个体、班级、年级的成绩建立曲线图，从而了解个体、班级、年级的整体素质和成长情况。通过成绩管理系统，辅导员、班主任能够对不断进步的学生个体予以表扬；对退步的学生加强了解和沟通，让其发现问题所在，及时纠正；对屡教不改、成绩依旧呈下降趋势的学生加强管理；对课程成绩不及格即将触及学籍管理留级、退学的学生，系统将及时预警，并将信息反馈到学生本人、班主任、辅导员和家长，形成监控的聚焦。当然，学生成绩的优劣除了能够反映个体努力程度，还可以反映出教师的教学质量和教学水平，形成对教师教学质量评价的依据。

（四）通过教学计划管理子系统有效监控了教师的教学行为

教学计划管理子系统涉及教师的教学大纲、教学计划和教学进度表、实践教学、课程考试等相关内容。通过教学计划管理子系统，能够发现教师的教学进度与教学大纲、教学计划是否相一致；教师的教学内容是否围绕教学大纲的重点和难点进行；教师任课的课时数是否达到了教学大纲规定时数；教师的教学内容、教学手段是否符合人才培养方案；教师所出的课程试题是否涵盖所授课程的知识结构和重点、难点等。总之，通过教学计划管理子系统，能够对教师任课前准备、教学实施过程、课程考核等进行过程监控，对其教学水平进行科学合理的评价。

（五）通过排课/选课子系统有效监控教学任务的落实情况

高校的教学因任课教师来源的复杂性而呈现出多变与不稳定性。每个学期教学任务是否得到有效落实，要细化到每一位教师和每一个教室，其前提是通过教务管理系统排课/选课子系统，高效、科学而又人性化地将每一门课程落实到每一位教师和授课的教室中去。因此，面对复杂的师资人员构成，管理者和督导组要检查教学任务的落实情况，只需进入教务管理系统，即可定位每一门课程的任课教师及所在位置，而无须一个个地实地统计。高校的公共选修课多是面对全院学生设置的，学生需选修规定的课程，完成相应的学分方可毕业。因此，考察全院的选修课教学任务是否落实，查看学生是否修满学分，是否选择不同的课程，只需按条件查询教务管理系统。

（六）通过毕业生管理子系统有效监控了学生的毕业资格和毕业去向

学生的毕业资格审查是学生即将迈出校园、走向社会的最后一道关口。此关口能对人才培养质量形成最后一道屏障，防止"次品""不合格产品"流入市场。通过毕业生管理子系统可以对不符合毕业条件、没达到获得学位资格的学生进行筛选、审查。可以说，毕业生管理子系统的设置，就是一种完全意义上的质量监控，防止不合格"产品"流入市场。同时，毕业生管理子系统还会对毕业的学生就业去向进行信息采集，能够准确地统计出毕业生就业率和就业去向。这对于高校按市场需求，及时调整专业设置和人才培养方案将具有重要的决策参考价值。

（七）通过教务管理系统有效监控了人才培养过程与培养目标的吻合程度

教务管理系统虽然针对不同的群体设置不同的查询或访问内容，但其整体上呈现出一种线性循环的运行过程。教学质量的监控是为了促进高校不断提高教学质量，而提高教学质量的目的是提高人才培养水平。从学生报到入学到毕业离校，通过教育教学是否使学生在校期间达到了人才培养的目标，如何保证每个育人环节紧密相连？对于管理者和评价者来说，可以通过教务管理系统查看人才培养过程中的培养方案、师资力量、课程安排、考试成绩、毕业设计（论文）等是否向着这个目标不断迈进，使得教学质量的监控既直观又科学。

（八）通过教务管理系统形成了全员性、全过程的动态监控效果

高校的教学质量监控并非仅仅是教务、督导部门的事情，也非静态的监控。教学质量与管理者、服务者、教师及学生等都有关系。因而，教学质量监控几乎涉及高校的全体人员。而教务管理系统通过模块的设置和运行，将管理者、教师、学生、服务者有机结合在一起，形成相互融合的格局，并通过充分调动和发挥全体师生员工参与教学质量监控的积极性，形成监控主体、监控对象的双向调控、互相监督，从而形成了全员性、全过程的动态监控效果和提高教学质量人人有责的良好机制和氛围。从这个角度而言，高校教务管理系统设置的最大益处即是无形中织就了一张教学质量全覆盖的监控之网。

二、网上"学评教"系统在教学质量监控中的应用

"学评教"本身就是对教师教学的一种监控，评教结果对于教学质量的监控具有重要的参考价值，结果反馈将会促进教师不断提高教学水平。由于网络"学评教"具有评价的全面性、准确性和科学性等特点，因而在教学质量监控中显得尤为重要。因其操作和统计十分便捷，学校管理者很容易通过相关设置

实现按多种方式对各种评估大类、评估分类信息汇总、统计、分析的功能，呈现出不同层面、不同时间的"学评教"结果。

网上"学评教"的另一个好处是，可以实现由"无记名投票"的评教方式向"隐性记名"的评教方式转变，这样既可以让学生畅所欲言，又可以提高学生的责任意识。所谓"隐性记名"即在问卷中允许学生填写自己的学号编码，这样一来学生便会自觉克服一些不负责任的评教行为。同时，对评教中出现的一些带普遍性的问题也能及时反馈给学生，对个别突出的问题也可选取适当的方式与学生交谈，进一步了解情况，求得谅解，达成共识。

当然，在方便学生评教的同时，这种方式也方便了管理者和督导组对教师教学质量的监控，管理者可以从多个层面、多个角度进行相关统计，从而大大降低评价成本，缩短评价时间，提高评价的时效性、科学性和可操作性。

三、即时通信工具在高校中的使用

（一）BBS 在高校教学及教学管理中的应用

BBS 的英文全称是 Bullet Board System，中文翻译为"电子公告板"。这是为人们提供的以文字界面为主的交流空间，与论坛具有相似性，如同生活中的黑板报一样，按不同主题将 BBS 分成很多个布告栏，每个布告栏的设立以大多数 BBS 使用者的要求和爱好为依据，并向所有人免费开放。使用者可以阅读他人关于某个主题的看法，可以将自己的想法贴到公告栏中，往往很快会获得对自己观点的回应，还可以将想说的话直接发到 BBS 注册用户的电子信箱中,如果想与正在线的某个用户聊天,可以启动聊天程序加入聊天的行列。在BBS里,交流打破空间、时间的限制,与他人进行交往时无须考虑自身的年龄、学历、知识、社会地位、财富、外貌、健康状况等,而这些往往是人们在其他交流形式中无法回避的。

现代信息技术环境下,BBS在高校教学及教学管理中的作用主要是信息的即时发布与交流。据调查,国内许多高校都建有自己的BBS,通过BBS甚至可以实现在线实时教学,教师和学生通过BBS实现教学的双向交流与互动。这种模式非常适用于高校聘请校外专家为学生授课时,因某种原因而必须采取的异地同步教学。学生们可以将学习过程中遇到的问题和想法发布在BBS上,如果这是个带有普遍共性的问题,将很快引来许多同学的参与式讨论,每个人都可以将自己的想法和意见发布在BBS上。

(二)博客在高校教学质量监控中的应用

1. 博客在高校教学及教学管理中的应用

博客是通过网络载体实现便捷及时与他人交流,并能迅速轻松发布心得感悟,是集各种个性化展示于一体的综合性平台。它是继E-mail、BBS、QQ之后出现的第四种网络交流方式,为广大网民所欢迎,是网络时代的个人"读者文摘",是以超链接为武器的网络日记,代表着新的生活方式和新的工作方式,更代表着新的学习方式。

博客在教学及教学管理中的应用体现在以下几个方面:

（1）通过博客可形成群体凝聚力，将学生吸引到共同话题中

博客与 BBS 的不同之处，在于博客更具目标性。因此，只有在共同兴趣的前提下，在开放式教育教学过程中，教师才能够将学生吸引到自己的博客中去。学生进入教师的博客，除了好奇心理，还有就是对教师所教授的课程感兴趣，通过进入其博客想进一步了解教师的理论和思想。由于不需要注册或实名制，对其中感兴趣的问题，也能够与教师和其他人平等参与讨论，将问题引向深入。这种学习群体被一些学者称为"蜂窝式"学习。教师、学生都可以是这个"蜂窝"的蜂王，通过链接将伙伴、家庭、社会紧密联系起来，形成学习、生活的博客社区群体，在团体力量的促进下，个体的学习、生活可以被无限扩大，获得最大的关注和发展。

（2）通过博客可形成主题信息群，将有价值的信息予以过滤和传递

不同于 BBS 信息发布方式，博客可以形成主题信息群，即"博主"在博客中对某一个教学问题进行思考和研究，会自动形成对其中关键词、主题、名词或流行词语等自动链接，方便学生即时查阅其内涵和意义。特别是所提出的问题将在网络上传播，一些网民也会参与讨论，其间也不乏有专业、权威人士发表的意见和建议。教师通过主题筛选的方式，可以将最有价值和意义的信息过滤下来传递给学生，使学生扩大知识面。

（3）通过博客教师可以反思教学，以教育叙事的方式表达思想

教师通过博客撰写自己的教学心得或进一步深究自己教学过程中突然萌发的思想火花，这种教育叙事，其实就是教学反思。由于博客归属于个体，与教

师随心写日记一样，不受什么束缚和限制，完全出于个体的率性而为，记叙教学过程中的喜怒哀乐，抓取教学中突发的灵感，叙述教学中遇到的问题，记录个体的困惑，等等。因此，更能彰显教师的思考深度和独特视角。

（4）通过博客可形成协作性学习，增进相互了解与信任

由于博客中有群、社区，可以构成学习交流系统。博客的公开性使师生各自建立博客日志，自由设置议题，与别人分享成果与思想，让博客成为教学活动的交流和协作工具。特别是开放的博客与社会是无缝对接的，学生虽然身处高校的校园内，通过课堂主渠道获取知识，但是可以在网络博客进行课外学习，更好地了解社会，通过教师、家庭、社会形成社会协作，即是一种基于博客平台的学习模式。

（三）微信与微博在高校教学质量监控中的应用

1.QQ群在教学质量监控中的使用

通过班级QQ群，班主任、辅导员能够及时了解学生的学习情况，作为群中一员，管理者可以采用"潜水"方式在线，既不影响师生群讨论，也不影响学生之间的交流，但作为一个隐在者，能够同步得到相关信息。即便没有登录，但在登录之后，相关信息也会延迟留下并予以提示。由于多种原因，目前许多高校的教师上完课后一走了之，从不对学生进行课外辅导。但也有些老师会利用QQ等即时通信工具，在线对学生进行辅导。可以说，对于班主任、辅导员等管理者而言，通过QQ可以清楚地了解学生在接受教育过程中关心的热点和焦点问题。

在管理过程中，可以通过 QQ 群向全班学生及时发布通知，避免了口口相传带来的误差。管理者可以针对个体及时解答一些学习、生活中的问题，特别是关注心理上存在缺陷的学生，通过 QQ 私密对话，可以消除面对面时的个体心理上的不安、戒备和烦躁，及时化解和疏导心理上的问题。对于一些学习退步的学生，班主任可以对其及时提醒，甚至启动预警，以促进其把主要精力放在学习上。作为一个群体，即使学生毕业，此班级群也不会随即解散，管理者可以通过群信息，及时了解各个学生的毕业去向，把握毕业生就业质量，这种追踪效果要远远高于走访或到单位进行毕业生调查，毕竟学生对班主任、辅导员有着浓厚的感情，会真实表露自己的感受。通过这些信息的收集，管理者可以及时向学院反馈，为领导者修订人才培养方案、专业建设、课程建设等方面提供依据。

2. 微信在教学及教学管理中的应用

微信是一款通过网络快速发送语音短信、视频、图片和文字，支持多人群聊的手机聊天软件，是一种更快速的即时通信工具，具有零资费、跨平台沟通、显示实时输入状态等功能，与传统的短信沟通方式相比，更灵活、智能，且节省资费。

（1）微信手机群聊，打破时空限制的即时通信使移动学习无处不在

与 QQ 一样，微信也可以实现网上群聊。大学生活不同于高中生活就在于学生学习的自主性。高校学生个性化色彩十分浓厚，伴随着网络而成长起来，更乐于在网络上交际与学习。因此，无论是在教室、图书馆、宿舍，甚至在坐

车回家的路上,他们的目光常常盯在手机屏幕上。对教师上课的内容或有不理解的地方,在微信上发布一下,好友群或同学群即会及时予以解答。当然,如果教师也是其微信好友之一,这种课后解答就更方便了。毕竟,手机是随身带着且保持开机状态的,显然现代科技的发展使掌上电脑更加灵巧,但仍然无法与手机的普及率及获得即时信息的速度相比肩。因此,微信更加促进了学生移动学习的发展,使置身于信息环境中的学子获取知识的学习无处不在。

(2)视频对话更直观,多人参与的即时讨论使虚拟会议身临其境

微信可实现音频对话和视频对话,使文字表述比较困难的意思表示通过面对面的对话使对方准确接收和理解。在学习讨论中,一些问题会引起许多同学的兴趣,甚至微信好友的兴趣。在讨论时,微信可形成网络虚拟会议的模式,使每一个发言者音频、视频相对应,能够让每一个对话者清楚地知道信息来自何方。这种微信视频对话使不同空间中的个体在网络上连接在一起,围绕共同的话题热烈讨论,使每一个参会者都会有在现实生活中参与小型研讨会的真实感受。

(3)传播方式更快捷,群体对象的共享设置可使信息瞬间同步到达

与博客、QQ相比,微信的传播方式更快捷和高效。学生在使用微信时,可以圈定能看到其信息的好友。因此,教师在教学过程中,可以利用微信的这项功能,将学生分成若干小组,让其协作互助性学习。在课外自主性学习期间,微信是小组学习与讨论最好的平台。一个组员提出问题后,可瞬间在其他组员的手机屏幕上显示并提示,组员们可围绕一个问题展开讨论。特别是小组在田野调查、实验实习、资料查阅等过程中,虽然组员身处异地,但在信息的共享

上则可以实现同步。手机微信还具有信息分类的功能，记录过去与现在，因而信息管理很省心。利用微信图像、视频等上传，能够实现小组成员之间的信息资源共享，更好地提高学习、调研及资料查询的效率。

（4）操作运行更简单，图片信息"摇一摇"可使其上传下载无障碍

微信之所以成为年轻学子的热宠，还在于操作方式上的时尚化，使信息的传递便捷得"不可思议"。微信既可以在手机上登录，也可以在计算机上登录，通过网络，以"摇一摇"的方式，即可把计算机上的图片上传到手机上。

（5）云端存储更安全，通过QQ信箱可随时查询和整理学习讨论内容

微信在实现信息传送最快捷的同时，也实现了数据存储无纸化特点。随着网络技术的发展，电子文档和图片在网络上传递，很容易由于计算机或手机丢失造成学习材料无法找回的情形。为了使本地数据得以有效保存和使用，即便在设备丢失的情况下，依旧能够将数据收回，常见的数据保存方式是传输到服务器上。随着网络技术的发展，又出现了网络同步存储方式，大大提高了数据保存的安全性和使用效率。而微信所存储的数据由于使用云端存储，即数据存储在无法具体确定位置的服务器上，使信息保存更加安全。

3. 微博在高校教学质量监控中的使用

微博是博客的一种，其发布和传播除了借助计算机网络平台，还可以在智能手机上运行。虽然在文字上与博客相比有所限制，但因其短小精悍，特别是信息的接收与传递非常迅速，从而受到广大学子和网民的喜爱。与高校发布的"官方"博客相比，微博更具民间性、大众化特点。

从高校内部教学质量监控来看，教师、管理人员、督导员、学生信息员等可以利用即时通信检查教学相关环节，通过微博、微信、QQ等及时发布信息，让学生第一时间接收教学管理相关通知。学生信息员可以通过图片信息采集的方式将学生出勤率情况及时反馈给班主任，教师可以采用微信等即时通信给学生布置课前预习内容、课后复习内容及作业等，还可以通过即时通信将学生到课情况做信息采集和存储，并同步反馈给没上课的学生。

现代信息技术已改变了传统高等教育的内外部环境。因此，即时通信已将学生与家长、社会相连。置身于高校校园中，但都构成了信息之网上的一个个"节点"，既是信息接收者又是信息传播者。家长和亲朋好友可以通过学生的即时通信见到相关教育教学情况，了解高校的育人环境、软硬件设施，甚至课堂教学等相关内容。而真实掌握自己的子女在高校的学习与生活情况，及时将促进教育教学质量和人才培养水平提高的建议和意见反馈给学校，必将会对高校深化教育教学改革产生影响。可以说，现代即时通信技术为社会监控高校教学质量提供了得天独厚的优势条件。

四、电子监控在高校教学质量监控中的应用

电子监控系统是教学管理的有效辅助手段，可以随时对教师的教学进行监督、检查、评价，并给出改进教学的建议，可以将优秀的课程现场转播、现场录制，可以促进常规教学的顺利进行，减少教师课堂的随意性，帮助维持教室纪律等。

（一）利用指纹考勤可实现对学生的动态监控，便于提高群体监控的效能

一些高校对师生员工都实行指纹考勤，特别是地处偏远市郊的高校，为了清楚学生外出或防止夜不归宿，采用这种监控能够较好地掌握学生的动态，而这是人力所难以办到的。特别是把考勤机和计算机连接，可下载数据、上传学生信息，则使得监控效能大大提高。

（二）利用微格教室可实现对教师教学的全过程监控，便于教师观摩和反思

微格教室里装有摄像机和录像机等现代视听设备，使用这些设备进行录音录像，可以专门训练或反复训练一些教学技能技巧。通过微格教室可以实现教学模拟、示范观摩等。在控制室的监视器中，可监视各模拟教室的教学活动实况。

（三）通过教学精品课程录像，可提高优质教学资源的利用率

高校常常要将精品课程和名师课堂教学进行全程录制，放在网上。为了让教师全身心投入课堂教学，防止外人的干扰，可通过微格教室或学院的多媒体教室进行录制，然后用于青年教师的观摩和学生网上学习的资源库建设。

（四）通过校园电子实时监控，可同步检查教师的教学情况和学生的学习情况

通过校园实时监控可以看到教师上课是否迟到或早退，学生是否认真听讲。可以说，在实时监控下，管理者和督导人员很容易查看每一位老师、每一间教室的上课情况。

参考文献

[1] 王莎. 数字化赋能高校思想政治教育过程论 [J]. 思想理论教育,2023(4):92-98.

[2] 李娜. 高校英语教育趋势分析与模式改进:评《大学英语教育教学理论与实践研究》[J]. 中国教育学刊,2023(12):132.

[3] 郭亮. 融媒时代高校思想政治教育的思与行:评《融媒时代高校思想政治教育理论与实践探索》[J]. 传媒,2023(22):104.

[4] 樊红云. 数智化背景下高校创新创业教育研究与实践 [J]. 对外经贸,2023(11):107-110.

[5] 赵晓琳. 新时代背景下高校思想政治教育的理论与实践探析 [J]. 食品研究与开发,2023,44(21):239-240.

[6] 赵婷."教学做合一"理念在学前教育专业声乐课程中的应用研究:评《高校声乐教学理论与实践研究》[J]. 应用化工,2023,52(11):32-37.

[7] 梁颖珊. 现代高校思政教育评价体系建设路径探索:评《大中小学思政课一体化建设路径探析:理论与实践》[J]. 领导科学,2023(6):153.

[8] 赵翔宇. 新时代高校英语思政教育的革新意义与路径探索：评《高校英语思政教育理论与实践》[J]. 领导科学, 2023(6):154.

[9] 陈朝霞. "五史"学习教育融入高校思政的理论与实践[J]. 城市学刊, 2023,44(5):97-101.

[10] 乔永刚. 生态文明观融入高校思想政治教育的实现路径研究：评《大学生生态文明教育理论与实践》[J]. 应用化工, 2023,52(9):27-55.

[11] 罗欣. 新时代高校思政教育培养时代新人的价值：评《新时代高校思政教育理论与实践创新发展研究》[J]. 中国教育学刊, 2023(9):152.

[12] 王琳. 信息化时代高校英语教学融合思政教育发展探究：评《高校英语思政教育理论与实践》[J]. 外语电化教学, 2023(4):111.

[13] 周翔. 新时代高校思想政治教育管理体系构建的理论与实践[J]. 食品研究与开发, 2023,44(16):239-240.

[14] 任慧超. 信息技术背景下高校思政教育理论与实践有效性研究：评《新时代高校思政教育理论与实践创新发展研究》[J]. 中国科技论文, 2023,18(8):948.

[15] 席颖. 生态文明教育在高校思政教学改革中的创新融入：兼评《中国生态文明教育理论与实践》[J]. 环境保护, 2023,51(15):73-74.

[16] 杨静. 高校思想政治教育的主客体关系审视：评《新时代背景下高校思想政治教育的理论与实践探析》[J]. 科技管理研究, 2023,43(15):255.

[17] 黄思雨, 叶辉. 高校信息素养教育与发展路径研究：《大数据时代的信息素养教育理论与实践》荐读 [J]. 情报理论与实践 ,2023,46(7):203.

[18] 郭羽熙. 心理学在高校思想政治教育工作中应用的理论与实践 [J]. 长安大学学报 (社会科学版),2023,25(4):95-108.

[19] 王杰. 以融媒思维开创高校思政教育新局面：评《融媒时代高校思想政治教育理论与实践探索》[J]. 中国油脂 ,2023,48(7):161.

[20] 郑子皎. 传统文化"两创"背景下高校书法教育新路径研究：评《大学书法创作理论与实践》[J]. 科技管理研究 ,2023,43(14):266.

[21] 刘萍. 高校国际教育理论与实践 [M]. 武汉：武汉大学出版社：2020.

[22] 李瑞杰. 智慧教育视域下高校智慧体育构成要素的理论与实践研究 [D]. 北京：北京体育大学 ,2020.

[23] 邹思良. 灌输理论在高校思想政治教育中的实践与创新研究 [D]. 兰州：西北师范大学 ,2020.

[24] 赵雪梅, 楚龙强, 左征军. 新形势下研究生思想政治工作理论与实践 [M]. 武汉：武汉大学出版社 :2018.

[25] 王学俭. 思想政治教育理论与实践问题的研究视角 [M]. 北京：中国人民大学出版社 :2017.

[26] 苏天从. 高校辅导员开展沟通教育的理论与实践研究 [D]. 福州：福建师范大学 ,2016.

[27] 孙鸿达. 高校思想政治教育理论与实践研究 [M]. 北京：新华出版社 :2015.

[28] 王旭. 高校开展社会主义核心价值观教育的理论与实践研究 [D]. 石家庄：河北科技大学 ,2013.

[29] 张璐. 高校思想政治教育视角下"三生教育"理论与实践 [D]. 大庆：东北石油大学 ,2013.

[30] 刘畅. 高校思想政治理论课实践教学研究 [D]. 武汉：华中师范大学 ,2012.